The '70s Word Search Challenge !

Copyright © 2023 Crystal Pellerine
all rights reserved

This Book Belongs To:

____

Songs From The '70s

V Z G J L H R I J U R N Q L Y A E S D S W
B P V P N K D U E I G K Y O I V B X H W K
H S N B O R N T O R U N L Y F U C Q J A I
T I T K I L L E R Q U E E N E H T M M O B
S K T A T U M N E E U Q G N I C N A D P M
J F A T I T I U Q I H C R S G E B G M N D
Y I D U T R P Y L J C P I Z Q A O G A K R
T I N G S X W I W E E R I F L R L I M E M
O G E K R F H A W G N N X A J S R E E M E
H W V S E U N N Y I I N E P N M P M R A G
H P I A P K I S A T L M A Q D O E A I B B
Y M L N U T A K T R O L N X W L M Y C Q H
S M A O S X V S B H R H S E O N Q A A C I
J C N R P Z O T T E A M E U Z R N O N L H
W I I A V M S E C Y C O N A R V O E P P A
S K Y H R S E E N J T A I O V V M L I T U
T P A S H W R L H U E M G O M E I E E S Y
C L T Y S A U T S D E K A Y M A N V I H C
U L S M J C O M B E W S M G L L E S E A H
L G X I K S Y I A B S H I Y P V F R T V K
Y B O H E M I A N R H A P S O D Y N D X N

Puzzle 1

IMAGINE
DREAM ON
MAGGIE MAY
STAYIN' ALIVE
SUPERSTITION
I WILL SURVIVE
STAIRWAY TO HEAVEN
ROXANNE
PIANO MAN
CHIQUITITA
KILLER QUEEN
DANCING QUEEN
SWEET CAROLINE
SWEET HOME ALABAMA
HEY JUDE
MY SHARONA
BORN TO RUN
AMERICAN PIE
YOU'RE SO VAIN
BOHEMIAN RHAPSODY

Popular Brands In The '70s

S J Q R T S L H A L S T O N R B O D O F K
V E Y F O Z E N J P Y F W J U P L F Q V I
X R L K C N V T U W I C E I C D U B O M P
T E K I E D I N F Q X Q Q E J C G Q I V A
U L U R Z L S E I P P U P H S U H R E U T
W G I R K C K R G Q N I C H C L A R K S D
M N K B B N L U T I E A I C Z P B R G V M
H A A V R O W A K Z L D I O R Q X O X K Y
M R T Y F E X L I V F Q T R J U F F Y D K
L W P E T K D T I B S A S S O N P B U C U
B P V W I I E N Y F O K S M O M W W V O A
H J D A H N K I A F Q R A D B S H Q W Z M
J J K W Y L R A D V K K N K D G S S O Y J
O Z L F E U S S R O A O L E A K G B I H B
E N E I I B A S S A L I K I B T E H E G C
O L N O M Z D E C Q Q Z R T H P F Q L E K
Q W B R C Z I V G J H Z G O M A C R V Z D
E A L U E C D Y A K D Q R A L V N O I G E
J X F C K S A L C T P L Z B U G L E B O Y
Q Q W C C W I F K B L F Q N L I T U S T R
W P L I L F M P Z E C T O W T P F Z O T C

Puzzle 2

NIKE
FILA
CLARKS
ADIDAS
FIORUCCI
CALVIN KLEIN
GLORIA VANDERBILT

KEDS
LEVI'S
GUCCI
HALSTON
BUGLE BOY
HUSH PUPPIES
YVES SAINT LAURENT

DIOR
HANES
SASSON
WRANGLER
LONDON FOG
LIZ CLAIBORNE

 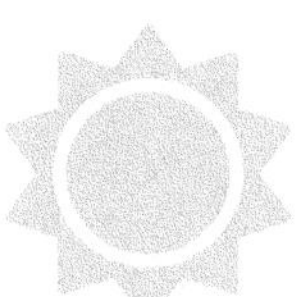

Little House On The Prairie

Z	M	C	P	L	T	B	C	M	I	Q	L	X	M	L	U	H	G	O	M	O	Z
A	G	S	U	D	D	N	Q	W	H	O	L	E	S	O	M	E	K	V	F	S	C
B	S	D	D	Z	X	I	I	U	D	U	P	B	S	P	L	I	F	L	U	H	G
G	B	L	W	R	S	O	F	P	W	E	I	W	C	I	N	L	G	K	T	T	M
N	R	C	L	F	A	S	E	G	F	Y	X	O	T	C	U	L	J	K	K	E	N
I	W	K	T	A	O	W	C	S	R	L	A	N	W	B	E	E	T	K	L	T	J
R	R	D	D	R	G	W	D	H	R	O	A	F	Q	P	V	N	C	M	H	J	P
E	J	S	Z	M	O	N	F	E	O	C	F	H	V	I	K	K	Y	M	Q	V	V
E	T	K	Q	E	G	N	I	K	R	O	W	D	R	A	H	A	C	L	Q	H	B
N	J	S	O	R	X	J	S	E	Q	M	L	G	U	M	C	O	M	E	G	A	F
O	C	W	Z	F	J	S	M	D	H	E	P	H	F	X	M	B	N	E	Q	T	L
I	C	H	O	R	E	S	D	H	F	T	X	F	O	M	Y	H	C	V	R	F	F
P	M	K	D	W	N	E	T	A	U	Y	N	C	U	U	D	Z	H	O	E	K	Z
B	T	S	W	O	U	N	W	R	E	X	J	N	S	Y	S	X	R	R	K	M	Q
A	V	J	S	P	I	H	S	D	N	E	I	R	F	T	Y	E	T	G	R	T	L
A	M	E	F	M	I	S	N	S	T	T	M	F	U	W	G	N	V	T	O	W	X
T	L	H	U	G	N	I	A	H	Y	H	B	F	V	H	B	A	R	U	W	F	F
O	M	L	I	D	N	B	D	I	A	M	U	U	I	W	L	L	K	N	L	B	L
X	I	E	L	H	W	B	E	P	N	K	K	R	N	U	T	W	Z	L	L	R	Y
S	H	U	Q	E	H	O	X	S	K	R	X	B	E	N	J	I	H	A	I	E	B
J	I	C	G	A	R	N	O	S	E	L	O	S	R	M	Y	C	L	W	M	W	S
J	X	P	R	X	A	S	X	E	Z	S	P	S	L	N	N	C	Q	A	J	T	N

Puzzle 3

BUNNY
CHORES
HALF PINT
PIONEERING
MILL WORKER
HARDWORKING
SNOBBISHNESS

VALUES
FARMER
THE INGALLS
FRIENDSHIPS
COMMUNITY
MR.EDWARDS
OLESON'S MERCANTILE

NELLIE
HARDSHIPS
WHOLESOME
MRS.OLESON
SCHOOLHOUSE
WALNUT GROVE

Jaws

Y	H	B	W	E	X	P	L	O	S	I	O	N	I	F	X	N	O
L	B	E	D	I	S	A	E	S	F	K	K	H	T	W	N	M	S
C	A	A	A	F	K	A	G	J	C	Q	C	A	B	C	O	F	S
M	R	C	D	G	V	A	T	N	H	X	E	A	S	V	O	C	K
S	R	H	U	L	N	M	M	J	I	F	M	I	T	T	P	N	C
I	E	G	M	I	C	I	X	W	E	M	O	C	N	T	R	N	L
R	L	O	F	U	T	T	Z	D	F	W	M	X	B	I	A	R	Q
U	T	E	C	T	F	Y	W	I	B	Z	A	I	M	T	H	P	A
O	Y	R	C	E	A	I	J	R	R	K	B	C	W	G	P	T	L
T	G	S	W	V	K	S	Q	L	O	O	C	I	V	S	G	L	L
S	J	Y	Q	N	I	L	W	A	D	X	R	P	P	U	B	M	V
H	N	S	O	F	D	A	B	P	Y	V	L	R	R	Z	R	Q	K
X	W	R	F	R	E	N	Z	Y	M	D	A	G	E	E	A	H	B
S	K	I	N	N	Y	D	I	P	P	I	N	G	D	T	V	F	X
O	X	Y	G	E	N	T	A	N	K	S	N	I	A	M	E	R	F
L	E	T	I	H	W	T	A	E	R	G	K	M	T	R	R	K	E
J	H	H	C	J	F	X	O	R	Z	E	J	D	O	O	Y	Q	B
I	Z	S	C	I	Z	E	X	M	B	U	M	E	R	T	T	C	Y

Puzzle 4

BARREL
"DA DUM"
BRAVERY
HARPOON
EXPLOSION
TERRORIZING
AMITY ISLAND

FRENZY
SEASIDE
REMAINS
SWIMMING
GREAT WHITE
BEACHGOERS
SKINNY DIPPING

DEFEAT
ATTACKS
TOURISM
PREDATOR
CHIEF BRODY
OXYGEN TANK

TV Shows In The '70s

O	B	O	E	I	G	H	T	I	S	E	N	O	U	G	H	C	V	U	F
B	U	H	L	Q	J	C	Q	F	P	Z	T	K	F	M	R	E	Q	M	L
C	L	S	F	W	K	T	F	I	H	Y	E	O	F	U	E	O	T	B	O
N	L	A	L	W	K	U	F	G	N	U	K	L	B	Y	L	G	H	B	D
R	C	M	V	E	F	H	Q	V	X	F	T	W	E	M	L	R	R	K	K
C	N	H	U	P	G	D	B	V	H	W	P	K	W	A	I	U	E	P	N
P	T	Q	I	Y	T	N	X	S	L	S	U	W	I	Z	M	D	E	O	A
J	J	N	R	P	E	A	A	P	O	I	Z	V	T	A	Y	L	S	E	U
F	A	N	T	A	S	Y	I	S	L	A	N	D	C	H	E	D	C	V	S
B	E	K	O	J	A	K	T	N	E	R	P	S	H	S	N	H	O	I	E
Y	D	C	F	U	O	S	F	D	D	I	N	W	E	A	R	G	M	F	D
N	P	R	P	D	T	R	U	G	O	O	L	I	D	S	A	Y	P	I	T
Z	K	T	K	R	Z	A	B	S	T	S	C	R	J	R	B	Q	A	I	N
V	A	Z	K	B	M	T	W	L	Y	U	O	I	A	F	A	Z	N	A	L
S	L	Q	L	C	Z	S	A	T	K	F	G	P	Q	H	I	C	Y	W	S
E	J	N	A	M	O	W	C	I	N	O	I	B	I	R	C	Z	V	A	D
Y	O	M	S	P	E	F	D	A	J	U	D	P	L	X	D	K	N	H	U
H	I	T	G	H	Q	A	S	H	A	U	J	G	Q	C	U	E	P	X	C
R	I	P	T	U	S	D	S	E	M	I	T	D	O	O	G	O	L	X	S
R	W	Y	C	U	L	S	E	R	E	H	Z	H	H	N	J	T	X	D	L

Puzzle 5

SOAP
MAUDE
KUNG FU
GOOD TIMES
BARNEY MILLER
EIGHT IS ENOUGH
THREE'S COMPANY

KOJAK
M*A*S*H
BEWITCHED
HAWAII FIVE-O
THE WALTONS
SANFORD AND SON
STARSKY AND HUTCH

CHIPS
SHAZAM
HERE'S LUCY
BIONIC WOMAN
FANTASY ISLAND
CHARLIE'S ANGELS

Bands In The '70s

O C W Q Q L F C A Y D U L T I X N Z B S P M

O W U I O C B C K D C K G L O J N N N R K T

S K O C U Z C C P A L E S L A Z J L Q H M V

A Y V G O R A D E E O A Y U L U O N Z O J F

S A N T A N A B U R F A Y T P D Q U M W U M

L V N A K C G Q V B Z H N O B E G X F A T R

A O Z E T M I T T P B A B R S B R O S G R X

M S H Q K H R H G X L O B H F D A T E M Q I

H T W K C X G X C D S P G T J F T N R Y R N

I E N A L P R I A N O S R E F F E J T A D R

P V X E R T W I N G S Z X J V S F I I Y M V

A E R O S M I T H G P L D F I T U U M W H P

J M R N W Q H D O I O S F S R A L C G N D V

W I O G E F L O U G R D G P L E D H C E H N

A L N S P D D I I J Q W E S N V E V B D J K

F L K S L H B O S T O N X E D E A U Q T D K

T E X P A U B B Y H X Z B S R S D Q H R D J

W R L Q Y W T H E G U E S S W H O U U O X P

S B M N E E U Q O G Y W M C R T T O E D F D

Y A T L R K R F S Z D K C J X S D K T G S M

G N J G E T B V E P I T H A D T Z B O A M E

Y D W Q V X A C O Z F Z P U Y Z B B W G V A

Puzzle 6

CCR
T.REX
GENESIS
BOSTON
AEROSMITH
GRATEFUL DEAD
STEVE MILLER BAND

FREE
BREAD
PLAYER
CHICAGO
SUPERTRAMP
THE GUESS WHO
JEFFERSON AIRPLANE

WINGS
QUEEN
SANTANA
THE KNACK
JETHRO TULL
THREE DOG NIGHT

M*A*S*H

P	T	T	S	O	P	N	G	I	S	C	T	X	O	I	H	L	D	W
X	P	K	O	R	E	A	N	W	A	R	C	V	S	H	B	A	J	W
L	J	U	H	P	L	Q	I	L	O	C	Q	A	O	Z	A	I	O	I
V	P	Y	E	M	B	B	S	C	G	U	T	V	L	B	Q	H	F	E
I	E	I	V	A	A	X	S	O	H	P	N	P	D	S	K	I	P	B
M	E	T	H	W	T	X	E	L	A	M	Z	D	I	W	Y	K	R	T
O	J	G	O	S	G	I	R	O	Z	V	L	I	E	I	H	A	L	V
G	B	J	T	S	N	B	D	N	L	L	F	S	R	D	L	Y	O	P
N	N	H	L	E	I	I	S	E	E	M	A	C	S	A	R	A	A	W
M	I	K	I	Y	T	J	S	L	I	V	E	H	N	E	Q	S	B	S
V	A	L	P	E	A	G	O	A	R	L	G	A	G	J	Y	I	Y	R
E	T	H	S	K	R	B	R	S	E	N	L	R	C	S	N	S	Z	S
Q	P	Y	O	W	E	M	C	R	D	D	U	G	T	E	N	T	L	K
F	A	V	O	A	P	C	T	G	A	S	R	E	G	N	I	L	K	S
G	C	T	B	H	O	K	X	S	R	L	M	J	J	K	V	H	D	W
N	A	P	R	A	C	T	I	C	A	L	J	O	K	E	S	J	A	F
K	A	E	M	Z	L	V	G	E	M	I	L	I	T	A	R	Y	O	C
E	Z	G	U	H	K	X	L	N	A	R	M	A	W	G	O	X	S	E
A	D	J	R	C	S	P	L	L	C	L	U	Q	P	E	E	E	G	K

Puzzle 7

TENT
HOT LIPS
SIGN POST
WOUNDED
ALAN ALDA
CAMARADERIE
OPERATING TABLE

JEEP
KLINGER
MILITARY
DISCHARGE
KOREAN WAR
CROSS-DRESSING
HAWKEYE'S SWAMP

SURGERY
COLONEL
SOLDIERS
PA SYSTEM
CAPTAIN BJ
PRACTICAL JOKES

Halloween

S	A	N	I	T	A	R	I	U	M	I	W	M	S	F	S	J
M	K	Y	D	S	P	M	U	C	L	Z	R	T	U	H	E	N
C	U	R	T	I	S	S	L	L	A	R	E	V	O	C	L	P
L	N	G	D	R	A	C	O	Q	U	U	T	Q	E	E	G	V
V	M	U	B	T	E	L	F	M	R	O	T	V	D	G	N	H
D	D	I	R	A	R	D	T	L	I	L	I	V	E	N	A	A
D	Z	R	C	I	T	L	R	E	E	K	S	P	P	I	R	Y
M	T	A	Q	H	Y	U	D	U	R	Z	Y	J	A	K	T	A
T	S	G	P	C	A	M	D	R	M	C	B	T	C	L	S	E
J	T	N	K	Y	X	E	E	F	L	W	A	O	S	A	O	B
C	O	I	A	S	V	S	L	E	U	O	B	T	E	T	N	P
B	I	C	D	P	I	N	E	M	Q	R	O	O	I	S	Q	Y
C	C	A	P	L	Y	E	R	Y	Y	B	W	M	D	O	D	A
F	Q	N	I	A	R	P	J	L	I	E	Q	D	I	L	N	F
C	F	E	J	I	A	K	O	B	A	F	R	M	D	S	V	Z
M	N	M	E	E	M	U	T	S	O	C	T	S	O	H	G	I
T	U	A	B	B	G	S	T	H	G	U	A	L	S	N	O	R

Puzzle 8

EVIL
CURTIS
RESILIENT
MENACING
COVERALLS
ONSLAUGHTS
MICHAEL MYERS

STOIC
MURDER
ESCAPED
STRANGLES
SANITARIUM
ALTERCATION
GHOST COSTUME

EERIE
LAURIE
STALKING
DR.LOOMIS
BABYSITTER
PSYCHIATRIST

Fashion Trends In The '70s

A	C	W	S	E	V	E	E	L	S	Y	W	O	L	L	I	B	G	I	K	F	S
X	Q	N	E	E	Y	J	J	W	A	P	O	T	R	E	T	L	A	H	M	W	A
X	B	Z	N	G	T	B	B	X	P	W	X	B	L	I	H	E	Y	F	U	Z	B
A	J	E	L	O	P	P	K	A	Q	Q	O	G	S	S	O	O	O	Q	Z	B	R
X	E	C	S	L	Y	M	W	X	H	H	V	M	T	U	T	Y	V	D	N	W	R
P	R	T	P	U	M	K	R	T	E	X	O	H	N	R	P	T	F	Z	D	E	A
A	G	Y	X	F	O	W	K	M	A	T	J	I	I	E	A	V	W	A	L	G	Q
T	A	A	H	E	B	L	I	K	T	B	B	S	R	S	N	I	E	W	L	J	P
C	S	F	U	P	L	A	B	O	L	F	G	D	P	U	T	X	R	U	B	L	X
H	I	L	X	C	N	J	B	T	N	B	R	Q	C	I	S	B	D	B	I	E	T
W	S	B	E	S	H	L	B	L	N	C	B	A	I	T	R	A	M	W	I	T	G
O	X	D	T	E	L	O	F	J	U	A	O	S	L	S	Y	O	M	N	L	F	P
R	J	Y	U	E	H	G	P	R	I	K	S	R	E	L	E	Q	J	M	E	B	F
K	L	U	B	I	M	M	Z	A	R	F	T	A	D	S	O	G	I	A	L	M	E
E	M	E	M	O	T	M	R	P	N	Y	K	K	E	U	L	C	N	X	L	F	Q
Y	B	M	E	P	I	U	W	O	S	T	X	F	H	P	R	A	E	I	O	K	X
D	I	L	X	N	S	V	N	J	F	I	S	J	C	O	E	O	D	D	R	O	P
E	I	W	E	K	O	U	K	Y	R	T	Z	E	Y	N	B	Y	Y	R	I	F	R
I	G	D	Z	O	N	G	I	H	H	E	A	D	S	C	A	R	V	E	S	W	R
T	V	V	S	M	U	J	R	T	V	L	Q	L	P	H	H	Q	X	S	X	R	M
L	I	R	Y	H	Y	K	Y	P	S	R	F	N	P	O	Z	C	D	S	I	T	G
U	D	O	F	Y	Y	P	C	R	I	T	W	P	N	S	V	B	V	Y	G	M	X

Puzzle 9

DENIM
FRINGES
HOT PANTS
HALTER TOP
LEISURE SUIT
PEASANT BLOUSE
BILLOWY SLEEVES
TIE-DYE
JUMPSUIT
PATCHWORK
WIDE COLLAR
HEAD SCARVES
PLATFORM HEELS
PSYCHEDELIC PRINTS
PONCHOS
CORDUROY
MAXI DRESS
BELL-BOTTOMS
GAUCHO PANTS
BOHEMIAN STYLE

What Kids Did In The '70s

S	Y	M	C	O	Q	O	A	L	Y	O	C	K	C	B	C	G	H	Z	X	S
P	E	B	N	K	M	N	A	E	J	D	L	H	R	B	J	U	Z	X	J	K
G	F	Q	H	S	P	G	N	I	D	R	A	O	B	E	T	A	K	S	P	G
H	P	H	U	L	A	H	O	O	P	N	L	K	T	C	D	X	D	S	H	I
J	I	V	Z	S	R	T	W	E	Q	L	L	P	A	K	L	P	L	S	H	S
U	F	D	T	L	N	I	U	S	E	T	I	K	G	N	I	Y	L	F	I	T
M	V	C	E	E	V	Y	D	R	W	B	A	X	U	B	A	N	I	W	T	R
P	M	R	Q	A	J	X	S	I	D	Q	S	R	T	P	S	N	S	G	C	O
R	L	U	R	T	N	K	N	M	N	A	C	I	C	V	R	K	K	H	H	F
O	D	A	F	I	A	D	Z	D	O	G	Y	I	R	I	E	F	O	G	H	T
P	R	S	Y	T	M	I	S	H	U	W	B	C	N	F	K	Y	O	N	I	L
E	A	W	I	E	Q	Q	K	E	W	R	E	I	A	C	C	M	B	I	K	I
Q	N	N	G	T	D	H	X	F	E	P	X	Z	K	R	I	X	C	N	I	U
A	G	K	J	I	V	O	V	V	T	K	G	V	D	E	T	P	I	N	N	B
D	R	I	Z	T	D	Q	U	S	S	V	T	M	M	S	S	O	M	A	G	X
I	F	V	O	O	T	R	E	T	J	W	V	E	I	H	E	N	O	T	N	D
Y	T	T	U	P	Y	L	L	I	S	Q	F	M	Q	X	D	E	C	N	M	A
N	E	V	T	M	B	J	R	T	I	I	T	Q	L	B	A	R	O	U	S	E
E	Y	I	P	R	Z	C	J	K	M	N	D	T	M	U	R	F	I	S	P	U
F	O	M	A	K	D	B	J	F	B	U	R	E	G	N	T	F	Z	O	T	Y
S	E	M	A	G	D	R	A	O	B	K	I	I	G	E	V	B	B	G	X	M

Puzzle 10

TAG
FRISBEE
RIDING BIKES
HITCHHIKING
SUNTANNING
HIDE-AND-SEEK
PLAYED OUTSIDE

PICNIC
HULA HOOP
FLYING KITES
COMIC BOOKS
BOARD GAMES
ROLLER SKATING
SATURDAY CARTOONS

MARBLES
JUMP ROPE
SILLY PUTTY
BUILT FORTS
SKATEBOARDING
TRADE STICKERS

Laverne & Shirley

T	H	C	A	H	N	S	E	T	A	M	M	O	O	R	D	J	N	H
T	K	R	Q	M	O	S	L	A	P	S	T	I	C	K	J	Y	Y	I
J	F	A	Z	U	Y	P	P	Q	P	I	Z	Z	A	B	O	W	L	G
V	K	E	G	T	V	M	S	U	A	C	Q	W	B	P	X	C	L	H
K	J	P	S	S	K	W	U	C	O	O	H	O	O	Y	F	B	J	P
G	L	X	H	E	Q	L	O	G	O	I	T	E	V	B	W	E	E	I
K	E	B	O	W	L	Y	O	A	P	T	C	I	A	E	V	S	T	T
I	K	U	T	H	O	O	S	I	L	L	C	N	X	M	U	T	S	C
U	Q	K	Z	O	F	O	J	E	F	X	T	H	I	B	C	F	A	H
V	U	M	B	Y	Z	C	C	T	M	E	L	L	C	T	J	R	F	E
X	I	O	R	Y	V	A	R	Y	R	O	K	C	H	H	Z	I	Z	D
L	R	N	E	B	P	M	I	L	W	A	U	K	E	E	A	E	X	H
Z	K	O	W	P	E	V	K	T	N	E	M	E	S	A	B	N	T	U
C	Y	G	E	B	Q	Y	S	D	B	F	O	H	J	D	Z	D	T	E
E	M	R	R	Z	J	Q	P	R	D	L	L	L	R	C	O	S	S	S
S	S	A	Y	L	H	E	B	Y	G	G	I	U	Q	S	E	R	H	Z
U	M	M	A	B	P	Q	D	H	P	V	L	F	E	J	F	L	J	U
L	L	A	H	S	R	A	M	Y	N	N	E	P	N	V	U	R	A	W
J	U	B	I	L	T	I	N	V	R	D	Z	S	C	I	T	N	A	M

Puzzle 11

GOOFY
ANTICS
SQUIGGY
PIZZA BOWL
ROOMMATES
SHOTZ BREWERY
BOTTLE CAPPERS
QUIRKY
BANTER
MILWAUKEE
MONOGRAM
BEST FRIENDS
MILK AND PEPSI
HOPSCOTCH CHANT
GAIETY
YOO-HOO
SLAPSTICK
BASEMENT
HIGH-PITCHED
PENNY MARSHALL

Rocky

T	K	F	O	E	N	N	I	H	A	F	B	P	E	P	B	O	W
H	V	X	Y	L	E	O	T	H	S	K	C	A	B	T	E	S	C
G	L	Q	W	T	S	B	G	V	F	I	N	N	H	N	R	M	L
I	B	P	F	V	I	U	D	N	Y	J	X	F	W	A	I	S	U
E	Y	G	I	T	T	S	Q	U	I	O	G	B	Q	I	N	G	B
W	L	E	F	H	W	D	R	O	G	N	N	D	N	R	S	W	F
Y	A	U	E	K	S	K	U	E	I	V	I	V	K	D	P	G	I
V	M	A	C	G	Y	N	X	X	V	S	K	A	G	A	I	A	G
A	B	Z	N	K	D	W	O	H	A	D	C	B	R	Q	R	J	H
E	I	J	A	E	Y	B	X	I	C	L	A	A	S	T	A	H	T
H	T	P	R	X	F	F	C	T	P	F	P	Q	R	S	T	Q	E
B	I	D	E	Z	S	I	E	J	B	M	T	D	N	T	I	I	R
R	O	E	V	P	V	A	D	D	N	Z	A	F	E	A	O	X	Y
G	N	M	E	L	K	U	O	R	O	G	E	H	U	L	N	W	Y
U	Q	T	S	X	M	S	E	B	G	R	M	J	C	L	A	H	Y
Y	S	C	R	E	E	D	R	W	L	W	A	N	F	O	L	S	H
X	K	D	E	T	E	R	M	I	N	A	T	I	O	N	O	P	R
H	C	S	P	A	R	R	I	N	G	N	B	V	Y	E	N	N	V

Puzzle 12

STEPS
BOXING
AMBITION
UNDERDOG
CLUB FIGHTER
MEAT PACKING
DETERMINATION
CREED
BALBOA
SPARRING
SETBACKS
ADVERSITY
HEAVY WEIGHT
PERSEVERANCE
ADRIAN
TRAINING
STALLONE
LUCKY FEDORA
CHAMPIONSHIP
INSPIRATIONAL

Movies In The '70s

C	S	V	V	U	Q	H	O	W	G	W	R	Z	U	P	Z	V	R	H
P	L	A	Y	M	C	F	N	X	B	B	N	K	Y	Z	D	K	D	P
L	L	I	D	Y	M	E	Y	V	Q	H	Y	W	Z	Z	A	E	S	K
V	Y	S	D	R	S	E	K	X	U	S	G	O	D	W	A	R	T	S
A	R	Z	H	R	L	C	X	Y	X	I	U	H	V	O	I	Y	E	L
I	O	A	J	A	A	N	B	Y	B	W	S	C	W	N	S	W	V	L
R	T	O	T	H	P	A	S	W	C	H	P	H	J	Q	O	B	T	A
P	S	Q	H	Y	S	R	H	D	P	T	Z	T	B	X	E	C	A	B
O	E	H	E	T	H	E	G	R	E	A	T	G	A	T	S	B	Y	T
R	V	Z	S	R	O	V	R	Y	U	E	P	N	L	N	U	C	O	A
T	O	G	T	I	T	I	A	F	X	D	I	E	A	I	C	S	K	E
H	L	H	I	D	C	L	O	K	A	M	S	M	R	L	P	C	G	M
E	R	X	N	T	S	E	V	J	A	A	R	G	I	M	A	P	F	V
J	K	V	G	J	P	D	Q	L	E	E	T	W	I	E	O	U	X	L
E	C	G	S	J	I	H	H	R	P	Z	R	N	E	T	W	O	R	K
R	P	E	V	C	Z	O	G	U	I	S	V	T	W	S	W	E	N	Z
K	L	V	Q	N	U	R	S	N	A	G	O	L	P	S	V	O	O	D
N	G	Q	B	S	R	A	W	R	A	T	S	K	P	X	U	Q	U	N
O	B	X	E	T	W	S	T	P	C	G	M	A	D	M	A	X	S	S

Puzzle 13

GREASE
AIRPORT
THE JERK
MEATBALLS
LOGAN'S RUN
PAPER MOON
ANIMAL HOUSE
CONVOY
NETWORK
THE STING
STAR WARS
DEATH WISH
DELIVERANCE
THE GREAT GATSBY
MAD MAX
SLAP SHOT
SUPERMAN
LOVE STORY
STRAW DOGS
DIRTY HARRY

Slang In The '70s

L	K	B	V	H	S	U	O	Y	F	W	W	Y	N	C	F	A	O	J	V
J	V	E	B	F	T	R	K	G	M	G	X	Y	P	I	F	U	R	N	S
K	J	E	E	P	E	R	S	C	R	E	E	P	E	R	S	E	R	P	V
L	L	C	N	W	O	D	W	O	L	E	H	T	E	M	M	E	X	J	C
H	X	G	F	F	O	P	I	R	P	U	P	A	Q	M	D	H	Q	H	V
Z	X	O	F	E	N	O	T	S	E	W	K	C	U	A	L	I	N	T	D
G	T	T	E	V	G	R	K	L	P	Y	D	B	A	G	F	C	I	E	U
S	D	Z	H	E	N	F	S	W	D	I	T	B	G	G	U	U	K	V	C
E	E	I	Z	E	D	N	L	E	D	T	L	I	W	J	J	E	S	H	E
B	Q	Q	A	B	S	I	A	O	L	O	T	F	N	P	T	H	E	G	S
I	Y	A	X	V	X	K	Q	V	W	U	R	Y	E	K	H	C	M	O	V
V	S	F	K	U	Y	L	I	T	I	E	I	K	Y	H	K	Y	O	B	R
D	Q	P	P	B	M	A	A	N	O	A	R	L	C	Y	T	S	S	A	B
O	C	V	A	G	O	T	Y	L	N	T	M	P	A	C	T	P	E	N	Y
O	J	S	I	Z	H	E	W	R	U	Y	H	L	O	U	D	T	M	A	F
G	V	T	N	R	H	V	K	F	U	X	A	E	J	W	G	F	M	N	U
F	I	C	E	B	Z	I	L	Y	O	T	M	R	M	L	E	F	I	A	R
Y	O	D	C	O	A	J	E	I	E	Q	J	X	W	A	Y	R	G	S	W
Q	S	T	Z	Z	W	J	O	R	S	N	I	T	W	O	X	J	Z	I	A
J	R	B	H	Z	B	S	Y	B	O	O	G	I	E	D	O	W	N	L	W

Puzzle 14

DORK
BUMMER
STONE FOX
JIVE TALKIN'
GO BANANAS
FREAKY DEAKY
GIMME SOME SKIN

SPAZ
PSYCHE
THE SKINNY
TO THE MAX
THE FLIP SIDE
THE LOWDOWN
JEEPERS CREEPERS

RIP OFF
THREDS
GOOD VIBES
BOOGIE DOWN
FLOWER POWER
CHECK YA LATER

Welcome Back, Kotter

B	U	C	H	A	N	A	N	H	I	G	H	F	K	R	O	I	C
R	S	P	N	P	C	H	O	R	S	H	A	C	K	M	O	R	U
H	E	H	F	A	F	O	F	A	U	G	P	L	V	P	M	N	S
Z	T	T	A	T	Y	W	M	L	H	U	N	O	Q	R	T	O	M
Y	S	G	A	B	E	K	A	P	L	A	N	O	W	I	R	Y	U
S	C	X	N	M	N	O	N	V	A	L	X	O	F	T	O	F	N
T	H	I	O	B	A	W	Q	B	F	S	O	C	H	S	U	E	D
O	O	H	T	M	L	M	M	S	P	D	S	O	L	H	B	H	E
T	O	M	G	A	M	S	L	I	M	L	D	I	U	H	L	G	R
Y	L	G	N	N	C	V	P	A	M	O	T	J	O	N	E	P	A
S	Y	N	I	P	R	S	N	A	X	N	A	C	Y	N	M	Q	C
T	A	N	H	U	Q	P	K	Q	A	R	M	P	A	B	A	Z	H
O	R	I	S	O	P	B	A	R	B	A	R	I	N	O	K	T	I
H	D	E	A	I	N	C	O	R	R	I	G	I	B	L	E	H	E
L	K	T	W	F	R	E	N	W	T	E	A	C	H	E	R	M	V
O	E	S	S	W	E	A	T	H	O	G	S	N	K	Z	S	S	E
E	Q	P	I	P	S	Q	U	E	A	K	G	C	H	D	R	L	R
S	H	E	N	A	N	I	G	A	N	S	R	I	Y	A	E	X	I

Puzzle 15

HORSHACK
PIPSQUEAK
ALMA MATER
HOTSY-TOTSY
SHENANIGANS
UNDERACHIEVER
ARNOLD'S LAUGH
EPSTEIN
BARBARINO
ORTHODOX
SCHOOL YARD
MR.WOODMAN
BUCHANAN HIGH
TROUBLEMAKERS
TEACHER
SWEATHOGS
WASHINGTON
GABE KAPLAN
INCORRIGIBLE
COMPASSIONATE

Kramer Vs. Kramer

R	A	L	I	X	N	E	V	C	Z	D	X	C	W	C	I	U	T	V
Y	X	D	G	J	Q	Z	L	T	K	T	P	K	N	M	N	R	W	C
M	Y	N	O	E	S	H	H	L	D	X	A	O	F	O	A	E	U	N
L	G	X	J	O	N	V	V	M	L	T	I	M	K	T	I	S	U	U
T	Z	F	R	J	H	D	M	R	N	T	F	S	E	H	T	P	Z	S
X	G	U	W	A	X	T	E	A	A	N	A	O	E	O	M	O	L	O
T	E	S	T	I	F	Y	N	R	L	C	C	C	D	F	D	N	P	C
U	I	E	D	U	V	G	A	E	R	G	R	Y	E	F	Y	S	S	I
M	Y	M	I	F	I	P	G	I	R	O	B	N	S	M	G	I	G	A
S	E	A	S	O	E	A	F	V	V	A	L	I	S	A	J	B	V	L
B	N	N	P	S	L	I	O	I	T	V	P	E	E	N	V	I	Y	I
A	G	H	U	H	C	E	D	T	O	W	P	J	S	A	F	L	Y	S
L	D	A	T	E	Z	F	L	N	U	Q	I	B	B	M	Y	I	F	S
A	Y	T	E	L	X	E	J	R	B	V	U	I	O	C	A	T	M	U
N	H	T	I	D	E	R	C	S	I	D	O	Q	K	X	U	Y	Q	E
C	H	A	J	H	I	M	E	R	Y	L	S	T	R	E	E	P	E	S
E	A	N	C	I	L	O	H	A	K	R	O	W	O	A	T	B	N	A
M	Y	I	M	S	V	M	Z	V	R	T	H	U	W	V	N	C	E	Y
C	V	D	H	N	Z	R	R	V	C	O	U	R	T	E	O	O	N	G

Puzzle 16

LEGAL
COURT
DISPUTE
POIGNANT
PARENTHOOD
GENDER ROLES
CUSTODY BATTLE

TESTIFY
HOFFMAN
DISCREDIT
MANHATTAN
WORKAHOLIC
RESPONSIBILITY
WORK OBESSED

DIVORCE
BALANCE
SACRIFICE
SEPARATION
MERYL STREEP
SOCIAL ISSUES

Popular Names In The '70s

Q	T	V	Y	X	V	Z	V	N	O	S	A	J	O
L	A	T	S	Y	R	C	N	C	K	G	M	I	O
V	T	M	E	L	I	Z	A	B	E	T	H	N	I
S	V	B	A	Z	C	X	D	L	J	W	O	A	I
R	S	D	C	I	L	Y	L	R	E	B	M	I	K
J	U	A	I	R	L	E	E	H	I	W	V	R	X
A	H	V	R	V	H	L	T	R	I	T	G	B	Z
N	E	I	E	C	B	T	I	P	F	H	A	S	F
G	A	D	I	K	A	S	B	W	S	F	S	X	K
E	T	M	A	M	N	O	Y	W	V	W	E	J	I
L	H	R	S	M	M	E	L	I	S	S	A	J	J
A	E	I	L	U	J	L	I	S	A	K	O	G	U
N	R	C	M	C	C	Y	M	A	M	H	L	P	X
C	H	G	L	L	C	H	E	P	N	L	C	H	P

Puzzle 17

AMY
ERIC
DAVID
KAREN
CRYSTAL
HEATHER
KIMBERLY

LISA
JULIE
JASON
ANGELA
MELISSA
MATTHEW
ELIZABETH

JOHN
EMILY
BRIAN
JEFFREY
WILLIAM
MICHELLE

Toys In The '70s

O	O	R	S	L	I	F	B	A	V	K	W	Y	J	S	R	O	H	Y	M	C	V
E	P	H	Y	H	M	S	C	I	I	I	T	B	I	H	B	Q	W	T	A	M	G
X	H	A	V	M	R	V	O	G	D	Y	N	Z	T	A	K	I	S	N	G	B	A
I	Q	I	R	R	L	I	W	G	C	C	O	N	R	B	G	T	L	G	I	X	L
F	S	C	P	A	K	P	N	S	E	R	U	G	I	F	N	O	I	T	C	A	B
B	G	G	M	P	C	E	Q	K	U	L	F	E	F	T	O	Y	N	O	S	X	V
I	S	G	R	J	I	H	R	X	Y	L	Q	T	T	T	R	S	K	G	L	L	D
I	J	Y	G	E	R	T	U	P	H	D	S	X	X	E	T	Q	Y	M	A	V	W
B	V	Y	E	P	E	F	Y	T	L	P	I	P	S	C	S	K	H	N	T	U	A
H	S	B	V	K	F	N	U	H	E	U	A	N	L	O	M	N	U	L	E	Z	L
J	J	S	L	Q	N	Q	M	X	O	S	N	O	K	V	R	D	B	X	R	Z	K
Y	V	R	B	E	T	O	J	A	K	P	O	K	X	S	A	E	D	E	I	H	I
L	Q	E	U	T	M	H	M	T	C	O	M	L	R	I	H	U	L	D	J	G	E
U	A	K	T	L	E	O	R	F	G	H	J	W	D	R	C	Y	W	L	L	U	T
Y	K	C	B	Q	O	I	N	K	O	O	I	F	T	I	T	E	N	A	C	O	A
Z	B	A	R	B	I	E	S	T	Y	L	I	N	G	H	E	A	D	H	H	D	L
O	Q	L	N	T	P	X	O	Y	W	C	E	I	E	B	R	R	K	Q	D	Y	K
I	N	C	O	D	R	U	J	I	B	I	O	R	L	P	T	R	S	E	I	A	I
H	X	S	E	A	M	O	N	K	E	Y	S	E	R	X	S	S	G	J	M	L	E
G	D	Y	O	T	O	E	P	A	H	S	S	T	N	A	T	R	I	X	F	P	S
U	A	B	O	C	Y	N	T	X	G	D	C	V	R	H	B	U	V	E	V	D	I
K	O	S	A	L	Q	Q	N	H	L	H	O	C	K	E	Y	T	A	B	L	E	B

Puzzle 18

LEGOS
CLACKERS
SHAPE-O TOY
SEA MONKEYS
SHRINKY DINKS
NHL HOCKEY TABLE
PARACHUTE SOLDIERS

SLINKY
KER PLUNK
HIPPITY HOP
MAGIC SLATE
WALKIE TALKIES
STRETCH ARMSTRONG
BARBIE STYLING HEAD

WEEBLES
PLAY-DOUGH
LEMON TWIST
ACTION FIGURES
GREEN MACHINE
BARREL OF MONKEYS

The Bionic Woman

K K Q C L O X K U Z B Q B L Y J P I Q B V N

N O I T C I F C I F I T N E I C S D R V S N

M B N I Z F N O J D E C E K P A Y C N M E Z

K S T E J X A D B S C S I J Z B T A V E I S

L L E J C S B A S H X U P F V Z I Y Z Y L P

I E L A H V F H R A R H L I W S L M S R L E

B Q L U T C P L S I Y B G V O S I B S B A E

X X I W G E R A F R A W J T U N G B E J W D

I J G N N C H C M S F T A S A P A H C F L D

O I E J E J O I Y S D P P G E S Y G R A I H

K E N A R F P H I V Q E H H N R Y F E H K G

S Y C O T A C T I O N P A C K E D E T I R J

A G E N S R N E P S C J L K O M R M A P M J

F F O G E J T N E M R E W O P M E B G D G D

V V N P I D M F E C Y B Z M K O F O E W V M

S M N I T A U W I D T E V M Y S U T N U S S

C H D F I L P T T V N H H Z J E O Q T X C B

S T N A L D M I S S I O N S N I D Y O U X M

C Y Y F I U J X T C F W L G C M B W N A G S

J Q W K B T M W S E X R Q B L A P W A V F P

P L E C A D V E N T U R E Z Z J J S K B W P

S I W X V Q M E Y I W X H G G B E Q I X J G

Puzzle 19

ALLIES
BLONDE
ETHICAL
ADVENTURE
INTELLIGENCE
EMPOWERMENT
LINDSAY WAGNER
SPEED
AGILITY
MISSIONS
STRENGTH
SUSPENSEFUL
JAMIE SOMMERS
SCIENTIFIC FICTION
FEMBOT
ABILITIES
WARFARE
ESPIONAGE
SECRET AGENT
ACTION-PACKED

The Exorcist

E	J	P	R	O	J	E	C	T	I	L	E	N	X	M	I
K	K	V	K	K	H	M	A	C	L	N	A	G	E	R	Y
F	R	N	K	D	Y	S	N	O	I	L	L	A	D	E	M
M	O	O	V	I	P	I	I	Y	N	V	V	E	S	X	E
A	R	D	P	A	O	C	R	R	D	C	U	B	X	R	H
W	R	C	U	B	Y	I	A	L	A	U	T	I	R	H	P
U	E	R	O	O	S	L	I	L	B	M	E	X	S	A	S
P	T	U	S	L	J	O	J	D	L	M	T	G	I	U	A
T	A	C	A	I	A	H	C	Y	A	P	I	H	S	N	L
E	W	I	E	C	R	T	H	F	I	E	A	U	G	T	B
I	Y	F	P	A	R	A	N	O	R	M	A	L	E	I	Q
L	L	I	G	L	K	C	I	N	A	T	A	S	I	N	N
F	O	X	I	N	O	I	S	S	E	S	S	O	P	G	Y
S	H	L	C	I	N	O	M	E	D	Q	W	E	M	V	H
T	D	A	Q	V	U	Z	U	Z	U	P	I	C	S	M	A
M	K	B	G	T	P	R	I	E	S	T	Z	Y	Y	Y	J

Puzzle 20

PRIEST
TERROR
DEMONIC
PEA SOUP
PROJECTILE
CATHOLICISM
PARANORMAL
REGAN
PUZUZU
CRUCIFIX
MEDALLION
DIABOLICAL
HOLY WATER
NIGHTMARISH
RITUAL
SATANIC
HAUNTING
BLASPHEMY
POSSESSION
LINDA BLAIR

Albums In The '70s

Z	B	A	Y	R	T	S	E	P	A	T	D	G	J	G	S	G	J	U	R
V	C	O	D	A	E	H	E	N	I	H	C	A	M	J	R	K	O	V	S
N	C	Y	U	Z	B	J	E	C	N	A	D	N	O	O	M	P	R	T	L
I	R	G	G	G	T	L	E	F	R	R	X	C	B	R	Y	C	I	T	Q
N	E	U	Q	N	W	O	L	B	O	S	T	O	N	R	Y	C	H	U	D
N	G	E	U	I	U	Q	S	Q	F	E	L	S	Q	V	K	E	G	D	Q
E	N	T	A	L	L	F	B	C	I	Y	E	E	Z	Y	W	V	B	G	U
R	A	H	D	L	R	S	H	L	L	P	I	N	F	A	K	S	N	B	L
V	R	E	R	A	U	T	L	H	A	X	P	I	L	S	Y	Z	O	K	A
I	T	G	O	C	M	U	T	C	C	N	N	L	N	O	R	O	Q	E	F
S	S	A	P	N	O	K	O	G	L	G	A	L	A	G	W	I	C	O	M
I	E	M	H	O	U	T	H	O	E	T	C	E	U	F	A	O	E	L	N
O	H	B	E	D	R	S	L	R	T	V	I	L	L	U	Q	S	B	P	P
N	T	L	N	N	S	B	S	I	O	F	R	L	Y	I	F	K	V	O	G
S	U	E	I	O	A	N	C	D	H	K	E	A	P	F	G	X	S	T	Z
H	B	R	A	L	N	X	I	G	Z	P	M	R	A	D	F	A	P	Q	F
J	C	O	B	H	C	U	J	G	I	T	A	A	G	Y	J	Q	R	Z	Q
G	G	C	V	P	C	M	C	W	Y	A	Z	P	M	Q	W	L	T	F	I
J	N	K	D	T	O	R	N	V	J	T	B	L	U	E	W	F	H	Y	X
H	J	S	T	O	W	M	L	K	H	E	A	X	U	M	R	S	R	E	N

Puzzle 21

LOW
BOSTON
THE WALL
ABBEY ROAD
INNERVISIONS
AMERICAN PIE
PARALLEL LINES
BLUE
TAPESTRY
RUMOURS
THE GAMBLER
MACHINE HEAD
STICKY FINGERS
HOTEL CALIFORNIA
ROCKS
FRAGILE
MOONDANCE
THE STRANGER
QUADROPHENIA
LONDON CALLING

Singers In The '70s

C	R	F	C	C	L	A	P	T	O	N	R	M	W
I	H	R	E	M	M	U	S	Y	W	W	G	F	R
G	L	E	E	B	P	S	M	D	I	L	S	E	N
S	D	L	R	T	P	C	N	A	L	Y	D	B	O
I	R	R	E	D	N	O	A	E	S	N	U	N	N
M	F	O	S	N	M	E	H	U	O	S	I	S	N
O	F	V	S	A	N	C	P	W	N	C	T	J	E
N	I	Q	I	S	T	I	T	R	K	D	K	G	L
I	P	D	P	I	C	H	M	S	A	N	V	V	R
L	S	U	M	E	A	T	P	T	I	C	J	Q	K
S	Y	E	L	R	A	M	S	M	C	M	B	S	M
D	E	N	R	T	W	N	V	M	C	Y	I	O	V
J	R	Y	C	S	O	S	M	O	N	D	W	U	A
Z	V	U	F	R	A	N	K	L	I	N	P	T	F

Puzzle 22

ROSS
NICKS
OSMOND
WONDER
CLAPTON
FRANKLIN
CARPENTER

CHER
SIMON
WILSON
LENNON
MITCHELL
DIAMOND
STREISAND

HARRY
DYLAN
MARLEY
SUMMER
MINNELLI
RONSTADT

All In The Family

R	N	P	Q	E	M	M	E	C	I	D	U	J	E	R	P	R	S	N	L
O	D	U	N	A	P	O	L	O	G	E	T	I	C	T	Q	Y	Z	C	A
S	O	O	P	I	N	I	O	N	A	T	E	D	T	A	R	G	R	S	C
O	C	A	W	E	N	C	M	F	J	J	A	G	X	T	L	E	A	Q	I
C	D	I	O	C	G	Z	I	R	C	R	M	W	O	O	N	J	G	E	G
O	E	Y	P	O	M	U	H	O	R	A	G	G	R	I	G	R	U	A	O
N	T	X	E	O	K	Y	L	N	A	S	I	I	E	W	O	Q	O	R	L
N	T	R	W	V	T	Z	M	T	A	B	A	R	K	U	S	P	V	P	O
O	I	D	A	L	C	E	V	A	J	S	Y	U	N	H	E	S	I	R	E
R	W	T	R	I	E	P	V	T	T	V	Z	D	U	T	F	V	Z	C	D
H	P	D	J	M	L	U	T	I	L	A	B	E	B	K	F	H	H	O	I
T	R	A	S	A	B	B	V	O	T	R	V	Y	H	P	U	B	M	U	L
U	A	E	X	I	L	I	L	N	E	I	G	F	T	C	P	N	L	T	U
O	H	H	B	O	C	P	Q	A	R	C	S	D	I	I	E	G	G	S	Z
M	S	T	U	K	F	Y	K	L	Z	F	I	N	D	E	L	U	U	P	V
D	L	A	C	I	T	I	L	O	P	I	S	M	E	X	D	K	S	O	T
U	B	E	X	D	N	C	C	P	F	Q	N	R	O	S	X	T	G	K	A
O	N	M	T	G	B	N	W	L	M	X	N	G	E	Y	S	Z	U	E	Q
L	P	G	Y	F	H	X	I	D	E	R	E	T	L	I	F	N	U	N	Q
Z	R	A	S	O	C	I	A	L	I	S	S	U	E	S	C	F	F	J	Q

Puzzle 23

REINER
PREJUDICE
O'CONNOR
OPINIONATED
TRAILBLAZING
SOCIAL ISSUES
CONFRONTATIONAL

BIGOTRY
POLITICAL
OUTSPOKEN
IDEOLOGICAL
GLORIA STIVIC
UNAPOLOGETIC
SENSITIVE TOPICS

MEATHEAD
UNFILTERED
LOUDMOUTH
EDITH BUNKER
SHARP-WITTED
GROUNDBREAKING

Scooby-Doo, Where Are You!

D	B	N	S	G	W	F	Y	J	E	G	Q	O	A	X	F	T	Y	N	T	N	N
E	C	O	K	R	E	D	G	G	D	C	N	W	J	F	D	X	J	T	F	F	A
N	S	D	O	N	V	S	P	O	K	Y	N	A	M	J	C	X	A	J	J	T	V
E	A	V	S	G	L	M	P	A	L	U	W	E	G	W	C	C	U	K	D	F	N
T	F	Z	K	O	O	R	Z	O	I	J	U	L	D	E	R	C	D	Q	M	K	E
H	W	C	C	B	S	S	P	D	O	Y	P	J	D	I	H	O	O	L	M	P	E
G	U	C	A	W	P	R	K	P	E	K	N	K	T	T	V	T	Y	M	Y	R	R
I	I	S	N	B	S	H	U	D	Y	V	Y	T	I	T	N	E	D	I	S	F	G
R	F	A	S	E	C	R	E	T	C	O	M	P	A	R	T	M	E	N	T	S	K
F	O	U	Y	E	S	E	S	F	K	R	F	E	V	I	T	C	E	T	E	D	Y
A	W	E	B	G	G	N	A	U	E	T	I	Q	T	S	I	U	F	K	R	I	M
K	X	T	O	C	D	A	I	P	O	E	B	E	M	Y	N	Y	T	S	Y	N	C
L	E	Q	O	C	K	D	S	A	C	R	P	H	S	E	U	L	C	J	M	L	K
Y	S	R	C	J	D	T	O	S	L	P	V	I	S	A	D	Y	R	P	A	M	H
U	Z	U	S	M	E	A	K	N	A	L	U	E	V	O	O	Q	R	M	C	G	Z
S	E	Y	Z	X	R	E	L	S	Y	P	I	Q	S	A	H	E	O	S	H	P	I
P	O	F	A	N	O	R	Y	S	T	T	N	V	N	I	W	O	E	O	I	G	E
H	P	P	L	A	S	G	E	T	O	A	W	E	P	J	N	X	S	H	N	D	A
W	G	E	O	C	G	T	P	L	Y	T	N	K	D	M	F	T	A	V	E	N	C
E	U	N	M	A	S	K	E	D	L	M	D	X	R	D	L	B	A	R	V	H	J
L	S	K	H	N	L	X	D	M	L	B	N	A	F	Y	I	C	W	T	G	P	S
S	L	S	B	Q	B	M	Y	F	C	L	P	C	N	L	T	H	G	M	H	H	J

Puzzle 24

CLUES
SPOOKY
IDENTITY
GREAT DANE
"WHODUNIT ?"
SCOOBY SNACKS
SHAGGY'S APPETITE
RETRO
VILLAINS
GHOSTLY
DETECTIVE
UNMASKED
MYSTERY MACHINE
SECRET COMPARTMENT
SOLVE
EVIDENCE
THE GANG
GREEN VAN
FRIGHTENED
HIDDEN PASSAGES

Beauty Products In The '70s

K I D C H A R L I E F R A G R A N C E B E
S L S U P E R M A X D R Y E R R A R D O B
U J F S Y A T M U V Z Y G U C A I C C G N
M U V D T J W F S C O U A N Z C Z Y H G K
D K N N F I U J R O C V M X V S E I L E K
L V W O Z A C J E N L E E O W A A C Z N Y
I D L P H F Y K L R O R Z O L M M K O A I
W W V Q Q U O N L D G X X B R H Y C G I O
U X U S Y G I Y O E S E O A B S C F M V W
A V O P O F L E R F D J N O H A E G L M U
Z C S Y V Y O L D G E E N S K L R B F R H
Z I A F S N F D E M J N O D Y T I P P I D
O B V F J V O R T Z E R G D C A E Y K M X
M I D Y R Q L A A B K F K B O E T J N M P
I U X A L M A Y E Y E L I N E R Y M R E U
L A D O R A Y L H H I K B G I G A E R L V
V D E W B X L A K M R X Z T W Y Z N Z O L
Z I H Y Z L A W N O F I N A L N E T T V U
E C H E M I C A L P E E L S O J N O V A K
D U X Y E L F V X T I N I R T H Q T G J H
J D Z N Z L K V Z Z G A B W R Y M U N F S

Puzzle 25

AVON
AZIZA
JERGENS
FINAL NET
OIL OF OLAY
ALMAY EYELINER
CHARLIE FRAGRANCE
RIMMEL
NOXZEMA
WILD MUSK
BONNE BELL
HEATED ROLLERS
SUPER MAX DRYER
GREAT LASH MASCARA
PONDS
YARDLEY
BRONZER
DIPPITY-DO
CHEMICAL PEELS
TICKLE DEODORANT

Soundtracks In The '70s

A	N	T	R	O	U	B	L	E	M	A	N	S	W	K	Z	P	I	V	H	K
B	N	M	F	A	H	G	T	H	E	L	A	S	T	W	A	L	T	Z	O	N
N	R	B	Z	C	F	U	Z	H	Y	B	T	Z	S	T	C	D	I	H	A	W
A	K	G	Y	K	J	M	I	J	Y	J	N	H	W	K	F	U	F	K	V	O
R	Z	K	R	A	Y	V	F	S	G	T	E	R	A	B	A	C	F	X	G	T
Q	Y	E	M	K	N	R	O	C	K	Y	X	A	J	K	Y	V	A	W	L	A
P	X	W	P	V	K	N	X	J	G	L	T	N	R	L	N	I	R	W	Z	N
H	K	V	B	L	A	Z	I	N	G	S	A	D	D	L	E	S	G	F	N	I
Q	D	W	E	V	Z	R	X	E	J	B	C	B	Q	D	M	E	N	I	D	H
I	S	S	E	R	P	X	E	T	H	G	I	N	D	I	M	L	A	U	Z	C
A	G	Z	I	M	T	B	H	H	U	A	X	B	T	C	Q	T	C	C	H	J
R	I	H	Y	F	X	B	S	N	T	L	L	T	C	M	Q	S	I	T	H	C
F	H	N	A	B	U	T	E	M	N	A	W	L	S	R	W	A	R	H	S	C
H	C	H	I	Y	W	U	G	D	X	A	F	Z	B	O	Y	C	E	E	T	R
X	S	I	R	B	U	U	T	H	L	Q	M	D	F	A	L	E	M	W	G	D
X	B	H	I	U	Y	K	C	O	T	S	D	O	O	W	F	C	A	I	N	I
Q	Q	Z	P	N	W	O	R	B	Y	X	O	F	A	G	R	I	J	Z	C	M
T	Z	E	S	S	B	J	Q	E	S	A	E	R	G	M	E	G	I	H	P	Q
Q	V	C	U	O	Y	C	L	I	Z	Z	V	O	G	R	P	H	U	Y	I	B
Y	T	A	S	Y	R	A	Y	Y	U	D	J	R	U	I	U	H	T	Y	C	X
N	A	T	T	A	H	N	A	M	X	A	G	Q	O	K	S	M	P	P	C	U

Puzzle 26

JAWS
GREASE
SUPERFLY
CHINATOWN
FOXY BROWN
THE GODFATHER
MIDNIGHT EXPRESS
SHAFT
CABARET
SUSPIRIA
MANHATTAN
TROUBLE MAN
THE LAST WALTZ
AMERICAN GRAFFITI
ROCKY
THE WIZ
ANNIE HALL
ICE CASTLES
WOODSTOCK
BLAZING SADDLES

The Jeffersons

T	S	I	J	D	R	Y	C	L	E	A	N	I	N	G	Z	Y	U
R	F	H	M	U	Y	Z	T	Q	F	O	F	X	R	N	A	M	F
I	Q	E	A	O	I	E	S	I	R	H	G	I	H	D	O	C	P
N	T	R	X	R	E	I	B	E	N	T	L	E	Y	C	M	M	R
T	N	U	P	S	P	J	U	B	U	V	O	Z	K	D	R	Q	E
E	E	T	Z	A	B	D	S	W	M	O	O	D	I	A	U	E	E
R	M	A	O	T	D	W	I	S	E	C	R	A	C	K	I	N	G
R	T	T	A	W	Y	W	N	A	Y	O	P	D	A	K	F	R	S
A	R	S	C	E	T	E	E	N	L	T	O	G	N	R	Q	E	A
C	A	T	V	A	T	H	S	F	X	O	I	B	T	F	V	K	S
I	P	R	Y	L	I	Z	S	I	R	Z	G	S	B	O	Z	A	S
A	A	O	V	T	W	O	M	M	U	Q	X	U	R	L	I	Y	Y
L	O	H	F	H	K	Z	A	L	D	O	L	V	E	E	G	V	M
W	D	S	V	R	C	N	N	U	G	B	L	L	A	N	V	S	A
T	K	D	S	E	I	M	E	N	E	R	F	T	T	O	L	I	I
L	V	W	T	H	U	J	G	Z	O	A	F	E	H	I	Z	N	D
J	Y	U	I	E	P	M	T	G	E	O	R	G	E	L	L	S	W
B	W	E	C	N	E	R	O	L	F	A	W	Z	A	T	B	T	E

Puzzle 27

LIONEL
GEORGE
DIVERSITY
FLORENCE
INTERRACIAL
WISECRACKING
SHARP DIALOGUE
WITTY
WEALTH
BENTLEY
HIGH RISE
FRENEMIES
BUSINESSMAN
"I CAN'T BREATHE"
LOUISE
DOORMAN
SASSY MAID
APARTMENT
DRY CLEANING
SHORT STATURE

Saturday Night Fever

K	H	W	X	X	V	B	G	S	W	A	G	G	E	R	T	X	F	R	M	C
J	Z	R	A	K	A	B	L	J	U	V	C	P	A	L	H	W	W	E	W	P
V	A	H	Q	H	U	S	T	L	E	Q	S	M	F	N	N	I	L	N	M	O
T	S	L	O	P	Y	R	G	T	A	J	W	B	I	B	N	F	C	P	H	L
H	T	E	M	J	S	D	N	H	B	B	O	S	A	C	F	E	I	P	P	Y
K	A	U	U	K	B	V	Y	X	W	X	R	R	O	U	A	D	T	O	B	E
H	N	R	T	O	N	Y	M	A	N	E	R	O	H	M	V	N	Y	T	Y	S
B	I	T	D	O	O	H	Z	D	R	A	A	S	R	F	G	J	M	T	E	T
K	G	X	K	W	N	E	W	R	C	U	N	D	H	R	B	U	C	U	A	E
W	H	D	N	S	A	L	C	U	Y	Y	O	E	J	M	I	A	M	R	M	R
H	T	I	E	B	S	R	D	U	L	Z	N	H	P	D	L	M	B	T	S	S
H	L	S	H	G	R	A	E	K	E	O	A	P	D	H	A	N	B	S	I	U
W	I	C	R	G	S	O	O	S	T	F	Z	A	K	G	S	B	B	K	R	I
H	F	O	N	R	E	O	A	Z	T	T	A	R	C	C	W	E	W	Z	A	T
A	E	T	K	R	R	W	T	T	Y	O	R	G	E	P	U	E	S	J	H	W
A	C	H	K	B	X	K	L	D	F	V	R	O	T	U	H	G	S	L	C	B
Z	Y	E	D	I	S	C	O	E	R	A	E	E	P	V	K	E	H	W	Z	R
I	W	Q	O	T	K	H	V	Y	K	O	V	R	G	H	C	E	G	D	L	R
O	H	U	I	X	K	Q	A	K	Q	Y	W	O	E	I	Y	S	M	K	I	Y
J	A	E	Z	O	V	H	R	L	E	B	L	H	U	C	E	N	V	M	U	C
X	C	N	O	I	T	I	T	E	P	M	O	C	Q	Q	A	Q	Z	L	B	X

Puzzle 28

TROPHY
ANNETTE
CHARISMA
BARRACUDAS
DISCOTHEQUE
CHOREOGRAPHED
BROOKLYN SHUFFLE
STRUTT
BEE GEES
SWAGGER
MIRROR BALL
COMPETITION
HARDWARE STORE
VERRAZANO NARROWS
HUSTLE
TRAVOLTA
NIGHTLIFE
DISCO ERA
TONY MANERO
POLYESTER SUIT

Accessories In The '70s

H	R	J	S	H	Y	W	K	P	C	Z	R	Q	T	M	C	E	J	G	M	P
E	Z	S	E	R	Y	O	W	L	E	A	T	H	E	R	B	A	G	O	I	Q
A	K	L	V	U	E	O	D	A	N	N	I	F	L	F	Z	E	E	L	V	T
D	C	Y	R	H	E	D	W	T	T	S	S	A	H	J	I	L	W	D	N	F
B	S	C	A	J	M	E	L	F	W	N	T	U	C	T	B	A	F	C	L	L
A	R	T	C	P	H	N	O	O	Y	M	S	X	Q	M	H	S	C	H	S	L
N	E	X	S	H	E	J	V	R	H	Z	E	F	L	S	F	E	P	A	R	G
D	K	F	Y	W	O	E	E	M	G	Y	V	U	T	P	D	S	U	I	Y	V
S	O	T	I	Z	N	W	B	H	A	A	D	R	D	D	Q	S	I	N	N	A
R	H	E	F	B	X	E	E	E	P	E	E	O	P	L	S	A	G	S	V	U
S	C	G	E	N	V	L	A	E	Z	O	G	Q	O	B	T	L	N	D	W	G
E	I	L	S	O	V	R	D	L	Z	K	N	A	O	G	W	G	F	Y	I	H
Z	T	Y	A	Z	F	Y	S	S	V	J	I	S	G	N	I	R	D	O	O	M
S	R	O	T	A	I	V	A	Q	S	O	R	F	Q	S	S	A	T	I	K	J
U	J	Y	U	I	K	S	Q	E	J	R	F	Y	E	H	R	L	Y	I	M	H
L	S	T	A	H	Y	P	P	O	L	F	O	C	S	S	B	U	F	R	U	C
Z	H	L	O	G	G	R	E	E	V	Q	A	O	J	I	U	C	V	K	A	O
Q	F	F	Y	R	L	E	W	E	J	E	S	I	O	U	Q	R	U	T	D	N
U	Z	C	A	A	T	A	M	V	P	H	I	O	H	F	O	I	X	R	G	X
B	P	L	Y	V	R	Y	Q	C	T	O	Y	S	Y	J	A	C	B	Q	C	J
Z	F	O	Z	C	F	H	M	Z	X	Q	S	R	E	H	T	A	E	F	X	T

Puzzle 29

SHAWL
FAUX FUR
HEADBANDS
PEACE SIGNS
FLOPPY HATS
FRINGED VESTS
CIRCULAR GLASSES
SCARVES
AVIATORS
MOOD RINGS
GOLD CHAINS
WOVEN BELTS
WOODEN JEWELRY
TURQUOISE JEWELRY
CHOKERS
FEATHERS
LOVE BEADS
LEATHER BAG
GOODY HOLDERS
PLATFORM HEELS

Commercial Jingles In The '70s

S	K	L	O	J	B	C	S	K	I	T	K	A	T	F	G	X	E	R	V	A	S
R	V	W	P	C	A	M	B	P	E	L	L	S	S	O	U	P	B	B	D	I	I
A	A	B	I	F	T	C	S	H	A	H	Y	Q	L	U	E	T	Y	G	Q	R	J
S	R	C	A	N	H	Y	P	E	W	G	I	E	V	R	T	C	N	J	Z	C	T
E	V	I	J	G	S	Q	R	Y	N	N	H	O	U	G	T	Y	D	L	G	J	N
A	N	H	C	Y	G	T	O	Q	U	S	N	E	U	M	E	O	Q	M	X	Z	K
C	U	N	I	E	E	B	O	Z	M	Z	D	O	T	E	L	J	F	K	G	M	S
E	U	I	R	E	K	A	B	N	E	K	A	H	S	T	L	D	L	J	M	W	C
L	L	M	T	H	R	R	E	S	C	K	A	C	G	J	I	N	W	T	E	T	W
T	G	R	C	M	N	E	I	O	H	I	H	R	P	C	G	O	R	B	T	B	X
T	K	A	E	U	Y	N	U	S	Y	B	G	Y	Y	N	T	M	S	C	C	S	Z
I	H	H	L	Y	L	G	D	Q	P	R	P	A	G	E	D	L	R	P	A	A	A
L	H	C	E	J	A	Z	R	M	C	I	L	J	R	Z	L	A	E	O	M	T	P
L	P	Z	L	P	S	M	E	Q	O	A	E	U	Y	E	O	K	Z	R	G	Q	U
K	Q	B	A	E	K	O	R	A	W	U	M	S	E	T	T	E	T	T	I	K	W
C	L	R	R	U	K	O	D	A	K	F	I	L	M	A	Q	T	L	W	B	A	V
W	H	O	E	N	O	G	L	A	C	O	Z	E	K	T	I	Q	E	J	M	D	Q
I	Q	W	N	W	E	L	I	L	Q	S	Y	F	J	S	K	O	S	S	W	T	U
M	O	Z	E	D	L	G	Y	X	R	P	O	H	H	L	Y	B	A	O	B	Z	W
Z	E	H	G	P	I	W	O	H	C	T	A	C	T	L	S	R	K	E	W	O	J
I	M	Y	I	D	M	K	P	E	E	L	D	D	X	A	E	Y	L	M	Y	T	Q
W	N	E	S	C	A	F	E	C	O	A	X	S	X	M	D	U	A	Z	Y	O	X

Puzzle 30

CALGON
CHARMIN
CAT CHOW
ALMOND JOY
RICE KRISPIES
SPAGHETTIOS
GENERAL ELECTRIC

KIT KAT
BIG MAC
KLONDIKE
KODAK FILM
SHAKE 'N BAKE
LITTLE CAESARS
WINSTON CIGARETTES

NESCAFE
GILLETTE
ALLSTATE
ALKA SELTZER
OSCAR MAYER
CAMBPELL'S SOUP

Mork & Mindy

C	X	T	L	V	Y	H	V	U	G	U	V	X	P	S	I	O	U	S	A	W
O	H	A	S	I	F	F	D	A	L	U	T	F	P	J	W	V	N	F	Q	X
D	F	I	E	I	U	P	F	I	I	W	H	T	H	E	X	H	H	O	M	Z
D	Z	E	L	O	L	J	L	A	S	H	A	Z	B	O	T	G	N	Y	V	W
B	H	S	I	D	N	A	L	T	U	O	L	R	X	R	V	G	L	S	C	H
A	L	C	W	O	L	Y	N	D	N	F	I	E	X	K	Q	W	U	J	Y	A
L	C	K	F	L	D	I	G	R	Z	G	E	T	N	A	D	I	F	N	O	C
L	O	B	H	Y	B	C	K	R	U	O	N	A	Y	N	N	L	Y	B	I	K
G	N	I	R	A	E	D	N	E	E	O	B	R	Y	F	O	L	A	K	Y	Y
Q	M	D	C	G	G	I	X	K	I	D	J	W	A	O	E	I	L	J	C	E
V	U	N	A	N	U	N	A	N	V	B	S	E	X	O	N	A	P	I	I	G
L	A	R	G	E	E	G	G	I	Q	Y	J	P	E	D	E	M	C	M	Q	V
Q	N	K	L	D	I	U	C	F	F	E	J	O	A	D	R	S	N	P	G	M
E	U	X	P	X	I	S	F	O	R	G	W	T	E	C	G	Y	R	R	A	M
D	F	H	U	A	H	B	O	K	R	E	I	O	Z	F	E	Y	L	E	Y	X
O	Y	P	I	X	H	G	K	H	I	S	N	D	U	F	T	S	W	S	C	W
L	P	V	W	A	N	T	O	O	A	T	V	J	V	M	I	Y	U	S	U	K
O	R	N	V	B	Y	E	F	M	C	U	V	Z	V	X	C	W	X	I	E	Z
T	F	E	X	T	R	A	T	E	R	R	E	S	T	R	I	A	L	O	T	X
A	Z	X	O	N	C	I	S	U	L	E	H	T	O	B	Y	G	N	N	R	Y
P	S	B	S	T	L	P	V	Q	T	R	V	T	J	H	T	X	V	S	N	Q

Puzzle 31

ALIEN
GOOFY
WHACKY
ODDBALL
LARGE EGG
"NANU NANU"
GOODBYE GESTURE

PLAYFUL
WILLIAMS
ENERGETIC
CONFIDANTE
OUTLANDISH
ORKAN FOOD
EXTRATERRESTRIAL

SHAZBOT
CHILDLIKE
ENDEARING
JOURNALIST
IMPRESSIONS
RED SPACESUIT

Pretty Baby

U N G V Q S R X D L S R S W W P M U S I G
U B R N I Q N J Z M V H J D J Q U L T F K
A V F V I R O C J V Y H M M L R D Q L J O
L E Q E P H G F G N A O F T C E O I O G Z
S U R G J N P I H J A J Q H H D I R U Y J
T B W R M T M A N B R O T H E L F H I O B
O W S O A N T V R I W B J N O I I O S D R
R B L V U T S L S G T I K S N G T N H U Q
Y S I D I A A L B C O Y E N Q H C U R A N
V C K E Y S R E V O R T N O C T L D T O P
I D E T S X A N W Z I T O A R D A I I I B
L Z Y T O U N E T P U K V H M I K T K N E
L N W K T I D M D I G X O D P S U Y E Y L
E D Y Y G D O A A E X P L O I T E D R Q L
L O N S I N N D Y C W E K J I R E N D I O
L A H N G I T A H F Z R M T T I J M P I C
P E G M Y G D M A A T F S M H C T H K S Q
J Q Z E C O N S E N T O B G R T Q K Y W T
J Z T E L O I V S F R Y N E R N Q K V J R
J K N Z G L F D Z P K O N G T P U A K J J
T Q B P X K I E L G M T N P H S Y L D B A

Puzzle 32

HATTIE
NUDITY
BROTHEL
CONSENT
VIRGINITY
MADAME NELL
PHOTOGRAPHING

VIOLET
SHIELDS
ST.LOUIS
WEDDING
EXPLOITED
CONTROVERSY
RED LIGHT DISTRICT

BEAUTY
ILLEGAL
BELLOCQ
SARANDON
STORYVILLE
PROSTITUTION

Heart Throbs In The '70s

O	C	Z	Y	R	K	I	A	F	Z	S	N	O	B	Y	A	S	D
H	O	D	B	X	I	W	R	F	Y	B	L	V	D	Q	D	B	H
X	U	T	N	W	N	N	W	D	F	V	Z	D	H	Q	N	G	G
E	I	W	O	B	J	N	O	S	L	O	H	C	I	N	O	V	Z
L	J	S	S	G	W	X	F	S	L	C	H	Y	T	M	M	M	E
Z	I	L	R	T	O	Q	D	P	I	A	D	A	R	T	S	E	R
X	F	R	E	V	N	E	D	E	M	R	U	L	K	O	O	W	Q
F	X	E	F	W	T	M	U	B	R	A	R	P	Q	M	K	D	Y
P	P	R	F	O	F	E	E	V	E	E	R	O	D	R	L	I	B
R	E	D	O	P	A	R	U	C	G	X	G	U	M	Q	K	P	Z
Z	R	I	T	L	L	C	B	C	A	F	A	X	F	W	Y	Y	K
W	K	S	S	A	S	U	B	F	C	P	P	L	Y	H	O	P	X
L	I	E	I	N	B	R	I	D	G	E	S	R	L	R	G	T	L
B	N	N	R	T	J	Y	G	O	H	N	A	I	K	I	D	X	Y
K	S	O	K	V	O	Q	B	K	I	E	M	N	D	L	O	B	J
M	W	J	V	L	F	G	C	B	G	P	M	E	U	Y	A	L	D
C	Y	K	O	M	E	V	K	W	C	D	Y	O	P	Z	U	S	D
P	Q	Y	L	H	S	R	V	C	D	Z	G	N	F	C	C	H	D

Puzzle 33

GIBB
JONES
GEARY
GOULD
OSMOND
MERCURY
CHAMBERLAIN
YORK
REEVE
BOWIE
BRIDGES
ESTRADA
MORRISON
KRISTOFFERSON
GERE
PLANT
PERKINS
DENVER
WINKLER
NICHOLSON

Top Bands In The '70s

T	T	D	K	K	I	S	S	D	R	C	D	V	M	C	Q	C	P	H	S	H
K	H	V	Y	K	R	Y	E	A	K	Q	N	J	C	F	C	D	O	D	U	P
A	E	P	J	N	C	A	E	L	K	J	S	K	H	Q	Y	X	L	N	F	E
H	R	U	U	K	A	B	M	E	G	Y	W	Z	A	E	U	T	Z	U	G	D
M	O	U	N	H	P	P	L	O	H	A	K	P	B	D	S	Z	R	I	T	B
Q	L	A	Z	I	J	N	M	A	N	Z	E	B	X	V	K	W	O	O	V	F
E	L	I	S	F	L	O	E	O	C	E	M	E	Y	H	N	C	O	X	Z	N
D	I	U	T	A	T	E	H	L	C	K	S	T	H	Y	I	A	A	G	I	W
U	N	D	F	T	S	P	P	F	A	D	S	T	U	T	K	M	B	Z	I	F
O	G	E	N	H	L	N	I	P	Y	H	A	A	T	H	E	D	O	O	R	S
D	S	L	R	O	F	E	A	N	E	L	N	B	B	P	H	O	S	G	J	A
E	T	P	U	H	L	U	R	K	K	Z	M	A	C	B	T	O	W	U	A	N
P	O	R	A	K	W	B	H	I	A	F	D	R	V	F	A	W	V	P	H	P
T	N	U	A	V	O	S	N	A	V	N	L	E	A	U	V	T	A	C	M	D
L	E	P	H	H	A	G	O	W	H	E	G	O	L	M	M	E	H	L	B	Q
H	S	P	Y	L	H	Q	E	B	Q	Q	R	M	Y	E	B	E	F	U	D	V
B	G	E	C	E	D	J	Q	K	G	L	X	B	I	D	B	L	C	X	Q	V
G	S	E	A	Y	M	V	U	N	F	Z	J	C	A	C	R	F	X	X	D	C
D	H	D	Z	D	R	Y	N	Y	K	S	D	R	Y	N	Y	L	H	W	C	Y
T	S	E	X	P	I	S	T	O	L	S	G	T	J	Y	D	B	X	P	U	F
T	B	L	M	R	Z	T	H	R	Y	W	P	Y	A	C	L	Y	L	F	Q	Z

Puzzle 34

KISS
BLONDIE
THE KINKS
THE EAGLES
DEEP PURPLE
TALKING HEADS
LITTLE RIVER BAND
KANSAS
VAN HALEN
THE DOORS
SEX PISTOLS
LED ZEPPELIN
FLEETWOOD MAC
THE ROLLING STONES
RAMONES
THE CLASH
PINK FLOYD
BAD COMPANY
BLACK SABBATH
LYNYRD SKYNYRD

The Mary Tyler Moore Show

N	O	G	T	H	L	K	A	D	Z	P	O	I	L	U	R	U	J	M	R
F	P	N	E	W	S	R	O	O	M	I	E	O	T	A	E	O	L	D	W
D	R	A	O	B	N	I	T	E	L	L	U	B	Z	K	S	P	Y	J	P
K	Z	C	X	B	G	S	M	N	Q	E	W	T	P	W	I	T	P	B	R
T	N	A	R	G	U	O	L	T	C	C	A	J	I	Z	L	I	P	D	O
O	L	J	W	W	S	C	H	N	K	N	Q	K	H	K	I	M	J	W	F
Y	J	G	G	B	Q	O	A	S	X	E	D	D	S	V	E	I	J	Z	E
G	D	E	N	I	M	R	E	T	E	D	X	J	R	Q	N	S	T	T	S
C	V	K	D	I	E	F	E	Y	B	N	W	P	O	K	T	T	L	S	S
O	E	O	P	B	Z	I	I	S	D	E	V	C	T	Q	A	I	B	B	I
L	C	T	U	K	A	A	V	B	I	P	K	S	N	P	G	C	W	T	O
L	N	X	B	T	E	V	L	U	C	E	B	V	E	M	J	Q	S	U	N
E	E	K	K	J	A	U	G	B	M	D	R	N	M	J	I	I	D	T	A
A	D	Z	A	V	W	E	K	S	L	N	D	H	U	O	L	O	P	Q	L
G	I	P	R	O	G	R	E	S	S	I	V	E	O	A	F	Y	L	W	I
U	F	F	F	Z	K	K	D	Y	V	H	A	T	N	D	V	O	T	P	S
E	N	P	R	O	D	U	C	E	R	Z	Q	R	M	F	A	G	F	D	M
S	O	E	R	M	B	I	R	Y	N	B	U	J	T	J	R	U	K	L	R
Q	C	B	D	D	H	S	I	X	L	O	Z	H	Y	P	W	D	S	G	G
E	N	L	A	F	E	Q	S	P	J	Z	Q	T	A	R	G	W	A	S	Q

Puzzle 35

MEMOS
DIVERSE
LOU GRANT
NEWSROOM
DETERMINED
EXUBERANCE
BULLETIN BOARD

RHODA
PRODUCER
OPTIMISTIC
JOURNALIST
CONFIDENCE
INDEPENDENCE
PROFESSIONALISM

WJM-TV
RESILIENT
COLLEAGUES
MENTORSHIP
PROGRESSIVE
TRAILBLAZING

Grease

L	Y	T	R	A	P	R	E	B	M	U	L	S	Z	G	J	S
F	S	E	H	N	E	W	T	O	N	J	O	H	N	Y	P	E
T	T	C	I	G	A	R	E	T	T	E	P	X	D	L	M	I
O	H	J	I	P	W	J	X	H	O	B	L	W	H	L	I	D
N	G	E	L	A	C	I	S	U	M	L	F	N	A	A	X	A
O	I	O	S	I	B	R	L	N	E	B	R	D	H	R	W	L
U	N	E	R	C	K	T	R	D	E	A	E	A	V	P	V	K
Y	R	Q	V	W	O	Z	Y	E	D	N	N	L	S	E	M	N
L	E	J	T	I	N	R	M	R	W	D	C	G	T	P	J	I
O	M	E	C	B	R	W	P	B	J	S	H	R	L	R	Q	P
J	M	R	V	X	I	D	Y	I	A	T	Y	E	B	N	S	O
F	U	W	J	Q	X	R	V	R	O	A	S	A	B	Z	Y	C
F	S	M	J	J	L	E	D	D	K	N	F	S	C	P	U	N
X	A	V	W	M	G	E	D	S	U	D	S	E	R	Q	R	W
F	T	U	O	P	O	R	D	T	Z	C	T	R	E	C	L	K
N	A	I	L	A	R	T	S	U	A	C	Y	X	U	V	U	G
C	N	O	I	T	A	T	U	P	E	R	Z	S	P	V	H	P

Puzzle 36

ZUKO
DRIVE-IN
GREASER
PEP RALLY
AUSTRALIAN
PINK LADIES
SLUMBER PARTY

RYDELL
FRENCHY
HAND JIVE
DROP OUT
BAND STAND
THUNDERBIRDS
SUMMER NIGHTS

T-BIRDS
MUSICAL
CIGARETTE
REPUTATION
NEWTON-JOHN
THE SCORPIONS

Actors In The '70s

Y	M	C	Y	W	K	A	T	L	O	V	A	R	T	V	C
P	D	O	A	R	I	D	N	A	A	R	V	P	R	S	A
Z	Z	N	W	S	P	L	F	E	S	T	R	A	D	A	G
W	N	N	H	V	S	E	L	Z	N	F	L	L	G	E	H
V	C	E	J	H	R	I	Q	I	N	E	O	B	A	I	O
Q	F	R	L	J	F	F	D	O	A	N	A	M	W	E	N
L	L	Y	A	B	N	G	S	Y	Y	M	J	R	F	Y	I
R	U	D	E	R	R	N	V	E	E	A	S	D	N	P	C
T	O	O	N	P	E	I	R	Z	N	L	G	P	C	V	A
N	S	O	O	V	D	R	W	E	L	A	G	F	Q	R	P
N	J	W	E	Z	I	P	S	I	D	I	M	H	H	U	B
J	N	T	S	Z	E	S	M	W	L	F	G	K	X	T	H
Y	S	S	P	V	N	A	J	V	D	C	O	H	C	X	V
F	Y	A	W	M	H	J	T	V	Q	Q	O	R	T	A	C
L	A	E	W	E	C	U	D	A	N	O	B	X	D	O	H
J	W	D	Y	M	S	Q	R	Q	K	C	G	W	W	P	L

Puzzle 37

BAIO
HAMILL
PACINO
ESTRADA
REYNOLDS
BONADUCE
SCHNEIDER
SOUL
O'NEAL
WILCOX
REDFORD
WILLIAMS
TRAVOLTA
SPRINGFIELD
CASSIDY
NEWMAN
CONNERY
HACKMAN
EASTWOOD
STEVENSON

Beauty Idols In The '70s

T	F	Y	I	J	N	I	K	R	I	B	D	J	E	G
J	S	A	N	E	O	P	L	F	U	P	E	D	G	J
F	Z	X	I	A	S	D	H	U	T	T	O	N	R	L
P	T	O	L	T	N	R	E	G	G	A	J	O	A	A
W	T	A	L	W	H	F	Z	V	N	Z	T	S	Q	J
W	E	A	E	I	O	F	J	K	U	I	K	N	U	W
K	C	T	S	G	J	V	U	M	C	E	K	E	W	P
C	W	T	S	G	U	H	A	L	S	X	N	R	Q	H
S	A	K	O	Y	J	C	H	C	L	E	W	E	I	F
Q	F	A	R	E	G	N	I	S	A	B	L	B	D	B
P	A	W	N	R	A	T	S	R	E	M	O	S	M	A
A	P	S	A	M	I	U	M	C	O	R	C	Y	C	R
F	E	W	I	V	I	D	P	T	N	H	A	L	L	D
N	Q	V	G	Y	A	W	G	N	I	M	E	H	P	O
X	T	Q	F	J	N	F	R	C	X	C	T	P	C	T

Puzzle 38

HALL
BIRKIN
JAGGER
SOMERS
JOHNSON
BASINGER
FAITHFULL
IMAN
BIRKIN
JENSEN
BARDOT
DENEUVE
MAC GRAW
ROSSELLINI
WELCH
HUTTON
TWIGGY
FAWCETT
BERENSON
HEMINGWAY

Sanford And Son

M	T	P	F	U	R	E	O	T	N	O	M	A	L	X	T	E	M	P	E	R	R
I	M	U	K	G	B	S	R	K	S	L	A	S	U	F	I	Z	L	C	C	Z	C
R	O	A	Q	L	T	U	J	J	V	E	C	D	X	H	Z	V	L	X	T	U	G
G	Q	X	G	S	R	O	S	I	H	Z	C	W	L	L	X	F	V	R	U	A	I
Y	B	L	N	N	E	H	W	I	O	M	G	O	D	O	B	B	W	S	X	K	B
R	V	S	I	Z	H	G	M	D	N	U	Y	G	N	I	D	L	O	C	S	N	K
U	N	A	M	T	T	N	R	W	M	E	G	N	I	D	A	R	T	K	G	X	M
L	H	Y	O	S	S	I	Y	U	B	H	S	S	B	C	H	S	T	F	L	Z	N
O	V	V	C	A	E	D	M	Z	M	H	Z	S	B	G	Q	A	U	D	S	F	H
U	K	E	M	U	T	R	M	W	P	P	O	E	P	V	J	E	N	O	T	I	C
D	Q	O	I	Y	N	A	U	G	G	W	Y	Y	D	A	R	G	S	D	U	L	P
D	A	T	H	G	U	O	D	T	L	B	I	C	K	E	R	I	N	G	S	D	Z
N	J	V	T	L	A	B	G	C	N	P	I	C	K	U	P	T	R	U	C	K	H
F	U	K	E	J	E	A	I	K	Y	E	Q	Y	R	C	U	A	N	T	H	D	I
G	N	S	B	Q	P	V	B	A	L	Y	V	S	W	X	V	U	G	E	M	F	S
C	K	A	A	M	T	B	U	B	T	W	T	D	T	A	A	C	R	W	R	U	X
L	Y	F	Z	T	A	V	O	O	U	E	X	P	A	X	C	J	W	X	O	S	T
M	A	F	I	B	Q	I	Y	N	K	B	V	A	T	S	S	L	J	R	Z	H	Q
T	R	E	L	A	E	D	K	N	U	J	U	L	U	S	I	M	O	O	Q	E	E
R	D	L	E	P	P	F	I	U	C	E	F	J	A	R	E	M	Y	L	P	F	L
J	A	J	S	N	B	R	C	H	I	H	F	S	F	W	U	M	R	K	E	K	O
W	L	M	C	C	T	W	S	F	C	G	N	P	N	H	B	P	X	B	F	T	H

Puzzle 39

GRADY
TEMPER
TRINKETS
HUMOROUS
SECOND HAND
MISADVENTURES
BUSINESS PARTNERS

BUBBA
GRUMPY
JUNKYARD
BICKERING
AUNT ESTHER
"YOU BIG DUMMY!"
"ELIZABETH, I'M COMING!"

LAMONT
TRADING
SCOLDING
JUNK DEALER
PICKUP TRUCK
BOARDING HOUSE

The Flintstones

Q	K	H	C	Q	B	L	U	E	T	I	E	L	X	X	E	U	Q	B	A
T	B	K	P	O	J	E	L	I	B	O	M	T	N	I	L	F	R	B	Y
A	A	Z	R	T	B	U	B	M	G	B	U	D	J	H	E	Q	O	Y	X
C	M	L	G	C	U	V	M	V	Y	L	M	J	H	B	P	X	C	D	V
D	M	R	S	L	A	T	E	P	C	E	B	N	E	X	K	K	K	R	S
E	B	Q	Y	N	C	N	D	D	R	N	N	N	P	R	S	G	P	U	Z
H	A	N	S	R	O	B	D	E	R	E	P	M	E	T	T	O	H	B	A
T	M	F	E	T	R	I	W	A	D	S	H	S	M	Z	K	G	O	P	I
O	M	O	C	I	O	A	X	V	D	Z	U	I	B	J	C	F	N	P	R
O	B	Q	P	R	G	N	U	G	D	H	N	U	S	N	X	W	E	W	F
T	T	R	X	G	V	H	E	Q	L	P	I	G	E	T	R	H	P	K	C
R	Q	I	A	Y	A	B	B	A	D	A	B	B	A	D	O	O	F	X	A
E	B	R	B	X	Q	V	V	O	G	D	R	U	Z	X	C	R	L	E	Q
B	Q	A	N	K	R	F	F	L	R	E	O	U	A	H	K	E	I	O	Y
A	C	Z	G	N	I	L	W	O	B	S	W	Q	C	O	V	S	A	C	R
S	U	A	E	H	T	O	L	C	N	I	O	L	R	O	I	M	N	I	X
C	L	T	E	J	Z	F	Z	A	D	R	M	W	O	N	L	X	K	X	E
Q	O	U	V	F	Q	H	F	B	N	M	L	F	C	I	L	E	P	L	X
Q	H	T	S	E	L	B	B	E	P	A	Q	Q	W	D	E	X	O	M	X
E	N	Z	A	V	U	P	C	N	R	O	B	B	U	T	S	F	C	T	Q

Puzzle 40

DINO
PEBBLES
BLUE TIE
ROCKVILLE
STONE AGE
PREHISTORIC
"YABBA DABBA DOO !"

WILMA
BOWLING
MR.SLATE
LOINCLOTH
NEIGHBORS
FLINTMOBILE
SABER-TOOTHED CAT

QUARRY
UNIBROW
STUBBORN
ROCK PHONE
BAMM BAMM
HOT-TEMPERED

Actresses In The '70s

A	J	Y	E	R	F	G	R	C	N	O	Y	K	V	Q
F	I	T	N	G	E	L	O	H	C	I	N	C	M	Y
O	A	C	G	O	A	N	D	E	R	S	O	N	I	N
S	D	W	P	I	S	Z	G	B	X	N	R	Z	L	P
T	B	O	J	D	V	Y	M	A	M	W	U	Q	L	U
E	R	Q	C	A	L	A	T	C	W	S	B	N	E	R
R	E	I	R	G	C	I	M	H	H	M	M	A	N	E
N	W	O	R	B	I	K	H	A	C	K	F	I	I	Z
Q	K	H	F	E	N	I	S	C	P	V	E	V	T	L
S	W	O	S	R	T	B	O	O	R	L	Z	R	R	H
S	R	E	H	T	U	R	T	S	N	I	L	X	E	R
N	P	F	D	U	M	H	A	P	C	P	A	C	B	D
T	E	S	S	I	B	R	I	C	Q	T	L	F	S	W
A	M	Q	C	B	N	K	E	A	T	O	N	X	V	Y
X	P	K	M	T	A	W	E	T	K	N	Y	E	D	M

Puzzle 41

DEY
GRIER
BROWN
KEATON
WAGNER
MCNICHOL
STRUTHERS

BACH
TYSON
CARTER
FOSTER
JACKSON
FAIRCHILD
BERTINELLI

DEREK
SMITH
BISSET
LIPTON
ANDERSON
MCCORMICK

SNL In The '70s

F	M	Y	B	S	W	U	U	U	Z	B	H	H	Q	N	I	Y	G	E	K
R	O	S	E	A	N	N	A	D	A	N	N	A	V	G	U	V	S	E	R
E	R	O	L	M	S	S	R	E	H	T	O	R	B	S	E	U	L	B	A
N	R	O	V	U	T	S	C	D	Y	O	R	K	Y	A	P	S	R	L	H
D	I	T	U	R	N	P	O	J	I	L	Q	N	W	D	F	N	Z	O	S
A	S	H	V	A	I	C	D	M	P	L	O	B	E	G	J	M	S	R	D
R	C	E	N	I	H	S	A	Y	A	E	D	O	E	W	H	G	O	N	N
P	A	C	C	F	S	C	V	D	U	T	X	N	K	S	M	Q	R	E	A
T	H	O	P	U	U	X	I	M	L	S	I	R	E	R	A	A	T	M	L
F	F	N	P	T	L	R	D	Q	S	O	G	C	N	N	Y	H	N	I	D
K	T	E	K	A	E	S	B	M	I	C	U	V	D	L	Z	S	C	C	X
V	J	H	X	B	B	E	O	U	M	S	L	F	U	R	J	S	L	H	V
O	W	E	P	A	G	W	W	Y	O	I	C	V	P	R	I	G	J	A	U
S	B	A	E	M	A	P	I	D	N	V	J	E	D	W	F	N	A	E	N
K	C	D	J	L	H	A	E	D	P	L	I	L	A	R	U	R	K	L	I
M	Z	S	P	D	B	I	H	E	D	E	C	R	T	C	H	R	P	S	T
U	A	C	F	C	O	M	E	D	Y	L	E	G	E	N	D	S	L	Q	R
S	K	T	D	G	E	O	R	G	E	C	A	R	L	I	N	S	D	L	U
X	X	Y	X	G	J	Y	C	D	K	F	P	N	T	F	M	S	R	H	C
C	W	F	H	O	N	B	R	I	J	F	M	A	V	R	M	Z	Q	R	C

Puzzle 42

CHASE
NEWMAN
BELUSHI
DAVID BOWIE
LORNE MICHAELS
SAMURAL FUTABA
ROSEANNADANNA
CURTIN
RADNER
PAUL SIMON
GEORGE CARLIN
BLUES BROTHERS
WEEKEND UPDATE
BASS-O-MATIC DRINK
MORRIS
AYKROYD
LAND SHARK
ELVIS COSTELLO
THE CONEHEADS
COMEDY LEGENDS

Horror Movies In The '70s

F	Z	C	X	O	E	B	J	L	V	Z	S	I	G	J	S	Z	K	L	M	G
B	S	Q	H	X	Y	I	E	E	Q	W	M	K	W	N	E	W	K	P	M	D
W	D	T	H	E	S	H	I	N	I	N	G	Y	L	X	F	A	O	I	E	D
I	J	M	O	W	O	F	F	I	J	B	K	A	X	N	O	D	U	R	F	T
T	A	Y	R	R	M	S	A	T	N	A	H	P	Q	W	C	D	Z	A	P	D
S	H	I	Q	O	N	W	W	N	H	K	P	W	U	B	T	D	C	N	M	B
A	Q	F	R	E	R	A	S	E	R	H	E	A	D	M	L	C	V	H	L	T
L	I	R	L	I	N	R	S	S	N	J	T	E	N	N	C	P	Y	A	C	F
I	I	G	A	K	P	Q	O	E	L	G	P	V	F	O	K	S	C	M	S	P
V	F	G	M	L	C	S	L	H	E	F	Q	T	B	H	P	K	A	K	F	E
E	W	V	B	J	A	N	U	T	E	I	I	H	P	R	C	K	Q	M	M	O
Q	U	M	Z	A	L	S	E	S	N	L	W	E	B	H	I	B	A	J	S	B
J	P	Z	R	W	I	G	I	M	X	O	L	V	R	E	D	E	X	N	T	L
D	F	K	J	S	E	F	O	D	O	S	Z	I	R	Z	R	G	L	E	X	C
H	D	H	T	K	N	D	I	W	X	E	S	S	V	D	U	D	Y	E	A	X
T	H	E	E	X	O	R	C	I	S	T	H	I	H	Y	E	H	I	W	M	A
C	R	W	A	Q	D	T	V	Y	M	U	U	T	N	E	T	R	Q	O	Z	H
S	Z	G	K	L	S	E	D	A	B	K	A	O	P	W	R	I	U	L	C	D
T	R	E	A	I	P	X	S	I	W	E	J	R	L	A	C	Z	M	L	P	B
I	N	X	N	Z	C	O	J	C	D	Q	E	L	C	V	Y	A	T	A	K	R
C	L	B	R	Z	H	K	N	M	X	D	K	P	Y	J	N	I	B	H	L	X

Puzzle 43

BEN
CARRIE
SUSPIRIA
PHANTASM
ERASERHEAD
DEATH DREAM
BLACK CHRISTMAS

JAWS
SISTERS
DEEP RED
HALLOWEEN
THE SHINING
THE EXORCIST
AMITYVILLE HORROR

ALIEN
PIRANHA
IT'S ALIVE
THE OMEN
THE VISITOR
THE SENTINEL

Animal House

D	Q	O	O	C	M	C	R	P	R	E	N	K	S	R	A	B
F	A	B	E	R	C	O	L	L	E	G	E	C	A	Z	E	D
G	R	I	D	I	C	U	L	E	G	F	S	O	E	S	B	M
D	Q	R	I	S	V	Y	W	Y	O	A	R	G	W	Z	U	E
V	M	A	N	H	D	X	Y	T	R	A	P	E	S	U	O	H
S	R	K	I	W	C	D	B	C	K	L	E	N	G	V	Q	Y
R	U	L	A	H	M	U	A	K	Y	G	A	N	H	F	T	A
E	S	B	L	B	S	S	A	T	R	I	I	V	Z	W	T	M
M	E	Y	V	A	M	U	I	T	R	K	D	N	I	W	Z	S
I	S	H	F	E	C	N	L	A	A	K	A	S	Y	R	K	Q
S	B	C	S	R	R	I	T	E	L	T	B	T	R	C	P	C
C	N	N	I	E	P	S	R	O	B	E	L	J	W	A	G	N
H	E	U	T	E	T	B	I	I	G	N	M	E	O	V	C	G
I	Y	A	P	B	E	P	N	V	T	A	H	V	D	P	R	V
E	R	R	D	L	I	W	J	H	E	A	H	O	I	S	D	B
F	Q	O	U	X	Z	S	X	X	E	C	S	A	J	H	D	K
W	P	R	O	V	O	C	A	T	I	V	E	W	L	H	S	W

Puzzle 44

TOGA
RIDICULE
MAYHEM
SARCASM
SUBVERSIVE
JOHN BELUSHI
RULE BREAKING
BEER
RUSES
MISCHIEF
SATIRICAL
HOUSE PARTY
LARRY KROGER
DELTA TAU CHI
WILD
BAWDY
RAUNCHY
FRATERNITY
PROVOCATIVE
FABER COLLEGE

Candy In The '70s

W	S	P	B	E	X	A	C	W	H	C	Q	D	Y	Y	B	G	E	X	B
S	X	S	J	Y	B	Z	W	V	K	Y	X	M	K	J	Z	N	O	W	A
A	U	T	X	Z	A	T	T	T	L	W	A	Y	S	I	S	I	A	Y	Z
R	V	O	H	M	B	Z	P	I	D	N	U	F	G	S	X	A	E	Q	O
W	S	D	I	S	B	K	L	P	B	Y	X	P	J	X	J	N	L	U	O
A	H	K	S	C	H	A	R	M	S	B	L	O	W	P	O	P	S	I	K
X	G	A	Y	K	I	F	J	D	L	Z	M	V	O	H	L	V	C	Z	A
L	Q	Z	T	M	I	L	H	L	K	K	N	Y	O	M	L	F	H	B	G
I	M	N	A	C	F	T	B	W	S	F	Z	T	N	I	Y	K	I	E	U
P	Z	E	G	P	H	C	T	B	O	T	I	O	B	S	R	X	M	A	M
S	V	C	Y	N	E	A	L	L	U	B	R	N	Z	P	A	U	H	P	K
Q	K	C	C	B	C	U	M	M	E	B	O	A	L	A	N	W	R	M	V
S	P	O	P	G	N	I	R	A	R	S	C	E	T	C	C	U	O	Z	Q
O	I	W	O	P	O	P	R	O	C	K	S	R	H	E	H	R	D	T	T
X	A	A	N	H	Y	U	V	N	F	A	X	J	M	D	E	L	V	O	W
I	W	F	J	E	L	L	Y	B	E	L	L	Y	S	U	R	W	E	Z	K
S	J	E	Y	F	F	A	T	Y	F	F	A	L	O	S	S	A	S	K	A
D	A	R	S	M	A	Z	I	F	U	H	I	T	I	T	U	V	L	D	R
H	Z	S	E	C	E	I	P	S	E	S	E	E	R	T	P	Y	M	G	B
E	Q	B	E	P	D	Z	V	J	K	T	D	W	V	N	H	O	F	R	R

Puzzle 45

ZOTZ
FUN DIP
POP ROCKS
SPACE DUST
LAFFY TAFFY
JELLY BELLYS
WHATCHAMACALLIT
DOTS
SKITTLES
RING POPS
BUBBLICIOUS
BAZOOKA GUM
NECCO WAFERS
CHARMS BLOW POPS
MUNCH
WAX LIPS
SWEETARTS
BIT-O-HONEY
REESE'S PIECES
JOLLY RANCHERS

Popular Hairstyles In The '70s

O	S	Q	Y	L	O	N	G	H	A	I	R	A	C	N	F	Q	M
F	D	P	T	F	M	S	U	B	D	P	I	G	B	I	F	G	F
L	I	S	L	U	X	I	I	O	T	S	P	S	E	T	T	Y	N
B	A	K	K	N	C	I	H	U	B	U	N	D	Y	O	R	F	A
O	R	C	C	C	I	R	T	F	I	P	C	O	G	P	A	P	V
F	B	O	T	A	I	K	I	F	C	P	G	L	T	K	I	I	O
H	U	L	S	V	S	L	I	A	T	G	I	P	W	N	H	B	I
L	H	D	M	G	V	E	F	N	H	M	O	X	C	O	Z	R	C
B	T	A	I	A	N	Q	T	T	M	G	V	M	I	T	B	T	G
A	U	E	D	H	I	A	F	U	T	U	A	T	D	E	Z	K	P
X	C	R	D	S	C	N	B	P	V	E	H	H	P	W	V	L	U
V	T	D	L	Y	O	V	E	D	Z	I	C	T	S	O	I	D	K
Q	B	M	E	S	C	H	G	O	E	I	X	W	A	K	M	R	L
W	C	U	P	P	X	A	D	S	R	G	A	C	A	I	M	T	K
I	K	L	A	Y	E	R	E	D	B	A	N	G	S	F	Y	C	F
A	W	L	R	G	Q	H	W	D	E	P	M	I	R	C	U	N	K
W	V	E	T	U	Z	S	M	R	E	P	Y	L	R	U	C	D	X
W	E	T	B	G	R	D	E	R	E	H	T	A	E	F	E	I	E

Puzzle 46

AFRO
MULLET
CRIMPED
FEATHERED
GYPSY SHAG
SHAG HAIRCUT
FAWCETT FLICKS
PIXIE
BRAIDS
BOWL CUT
LONG HAIR
CURLY PERMS
FRINGED BANGS
BOUFFANT UPDOS
WEDGE
PIGTAILS
TOPKNOT
DREADLOCKS
MIDDLE PART
LAYERED BANGS

Wonder Woman

B	R	A	C	E	L	E	T	S	P	V	I	T	E	I	E	T	G	Q
B	V	U	C	W	K	Y	V	T	C	E	L	F	E	D	X	Z	X	D
M	G	K	O	K	M	Y	T	F	V	M	K	L	S	V	H	H	W	K
P	R	S	N	Q	J	S	C	I	T	O	I	R	T	A	P	C	L	S
C	D	S	F	P	A	F	V	G	L	Y	S	H	I	M	O	M	R	B
A	G	E	R	I	W	N	K	Z	J	A	G	S	C	B	P	I	T	P
R	A	N	O	H	J	E	C	I	T	S	U	J	A	Z	N	R	I	U
I	L	L	N	S	E	W	I	O	M	S	E	Q	U	L	A	T	U	B
C	V	U	T	N	S	E	C	R	E	T	I	D	E	N	T	I	T	Y
S	A	F	A	E	N	A	L	P	E	L	B	I	S	I	V	N	I	D
Y	N	H	T	K	T	M	S	T	L	U	O	F	L	D	R	I	O	D
M	I	T	I	N	K	B	V	L	X	P	O	S	K	U	R	D	J	B
E	Z	U	O	A	E	U	U	O	A	R	W	Q	K	E	B	E	O	W
H	I	R	N	L	L	A	P	W	M	R	S	N	T	X	V	C	J	Q
T	N	T	R	B	P	N	F	A	J	D	O	R	J	V	Q	A	R	T
X	G	Z	D	F	U	A	T	D	J	G	A	M	T	Q	Y	T	T	L
C	I	T	A	M	S	I	R	A	H	C	R	Q	W	U	Q	O	H	Q
A	E	J	J	T	O	D	M	S	E	L	B	O	N	F	E	W	F	R
I	P	V	L	N	X	E	M	P	O	W	E	R	I	N	G	G	R	R

Puzzle 47

NOBLE
MORALS
DEFLECT
PATRIOTIC
BLANKENSHIP
TRUTHFULNESS
INVISIBLE PLANE

DIANA
CARTER
EQUALITY
GALVANIZING
EMPOWERING
SECRET IDENTITY
CONFRONTATION

LASSO
JUSTICE
BRACELETS
THEMYSCIRA
CHARISMATIC
TRANSFORMATION

Carrie

S	P	A	C	E	K	Z	V	F	S	O	J	Z	P	L	W	Z
F	L	Y	M	D	M	V	P	J	D	F	B	L	K	H	B	R
S	A	I	N	U	Q	I	D	X	I	Q	L	S	N	X	W	X
P	Y	Q	S	S	A	V	G	R	V	S	O	H	W	K	P	E
N	E	O	L	R	U	R	E	S	X	X	O	S	B	M	M	M
F	R	S	R	K	E	O	T	N	B	Y	N	N	F	G	U	I
H	C	I	T	T	I	W	I	A	G	L	T	E	Q	E	P	S
F	L	S	R	E	S	D	O	G	P	E	O	K	Y	F	I	S
O	O	E	E	R	P	E	H	P	I	V	A	O	E	S	T	C
U	S	N	V	A	Y	H	D	Y	N	L	B	N	D	O	O	O
T	E	I	T	G	C	K	E	I	R	E	E	L	C	R	R	L
C	T	K	R	R	U	B	C	N	E	J	D	R	E	E	M	L
A	F	E	A	A	B	F	E	W	K	R	W	D	J	G	E	I
S	D	L	G	M	H	U	M	I	L	I	A	T	I	O	N	N
T	E	E	I	J	E	W	P	R	O	M	N	I	G	H	T	S
C	I	T	C	A	M	I	L	C	M	M	K	G	C	O	E	R
Z	I	I	J	Q	K	C	N	Y	V	Z	G	M	Z	J	D	Z

Puzzle 48

FIRE
EERIE
BLOOD
CLOSET
TRAUMA
DETROYS
VENGEANCE
SPACEK
OUTCAST
RELIGIOUS
CLIMACTIC
HUMILIATION
MISS COLLINS
HIDDEN POWERS
TRAGIC
MARGARET
TELEKINESIS
TORMENTED
PROM NIGHT
STEPHEN KING

Flashback In The '70s

I	O	C	E	L	I	D	S	R	W	U	N	D	U	F	J	X	T	U	X	H
A	F	V	X	X	B	S	T	O	O	B	O	G	O	G	G	G	W	O	A	J
E	J	R	V	O	C	F	A	I	J	T	S	N	A	E	J	E	E	L	D	S
F	U	Z	Z	Y	B	E	A	R	P	I	N	S	L	H	E	Z	Q	Q	C	O
L	W	V	P	X	J	Y	N	M	P	L	V	Y	A	P	S	I	T	Z	H	K
R	E	R	H	U	K	T	R	U	E	U	G	L	U	J	Z	Q	E	E	O	Y
X	N	K	O	K	X	U	S	L	T	Y	L	L	T	A	H	S	L	C	P	I
W	A	W	T	K	B	T	U	F	E	O	S	Z	W	T	J	M	E	D	E	U
J	T	F	O	L	K	C	E	D	W	W	H	R	N	P	E	U	P	A	R	U
D	U	V	B	B	N	Q	D	E	Y	A	E	L	C	T	D	A	H	M	B	G
Q	B	G	O	S	U	O	E	I	K	L	A	J	R	X	P	J	O	C	I	S
X	E	Y	O	V	T	N	S	J	Z	W	E	A	D	E	Y	E	N	R	K	O
E	S	M	T	D	M	A	N	E	N	O	D	A	R	E	H	B	E	I	E	F
X	O	T	H	A	E	Q	E	D	A	I	A	D	R	X	K	K	B	N	S	H
L	C	F	S	Q	P	U	A	S	O	T	O	Y	R	T	L	C	O	L	T	X
K	K	K	L	D	E	R	K	S	A	L	B	N	T	A	H	W	O	E	J	W
O	S	Z	O	K	T	F	E	P	L	N	P	E	W	I	K	S	T	L	H	S
F	F	D	F	S	R	Q	R	S	L	R	A	Y	L	M	C	S	H	E	G	H
D	O	K	G	V	O	F	S	G	X	X	B	N	A	T	P	E	K	O	L	H
R	O	G	P	J	C	A	J	V	K	A	N	Q	A	N	S	E	L	X	E	Q
J	P	E	T	N	K	D	L	U	B	P	E	I	R	B	B	C	S	M	Q	S

Puzzle 49

CLOGS
LEE JEANS
PAPER DOLLS
PHOTO BOOTH
CHOPPER BIKES
SUEDE SNEAKERS
TELEPHONE BOOTH

WEEPULS
TUBE SOCKS
EARTH SHOES
GO-GO BOATS
NO SEAT BELTS
HALLOWEEN MASKS
LOCKED JEWELRY BOX

PET ROCK
LAWN DARTS
BABY WALKER
BANANA SEATS
HELMET RADIOS
FUZZY BEAR PINS

Furniture In The '70s

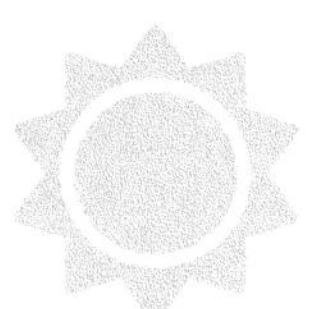

H	E	X	R	L	Z	X	X	M	V	B	B	X	G	P	V	F	H	S	K	H
M	I	A	L	I	L	R	B	E	A	N	B	A	G	C	H	A	I	R	O	O
I	D	P	S	U	A	B	I	L	E	N	S	W	O	L	P	X	G	R	H	A
C	E	T	V	H	V	H	M	A	O	Y	A	W	B	C	U	A	I	I	N	F
J	B	L	E	W	F	M	C	W	H	Y	Z	Y	M	N	H	A	O	A	V	R
T	R	M	B	N	H	L	I	K	L	C	M	K	C	H	H	P	U	E	M	U
R	E	N	T	A	I	A	A	B	C	P	E	E	F	C	H	I	T	G	N	M
E	T	M	G	I	T	B	J	I	O	O	M	M	R	U	C	Z	L	N	E	X
K	A	Z	E	Z	S	S	A	R	N	E	C	E	A	F	U	J	G	A	A	I
C	W	K	L	J	E	B	S	C	S	O	V	A	B	R	O	U	B	S	M	F
I	R	O	V	D	C	L	A	A	O	E	L	N	E	U	C	U	D	A	E	G
W	W	T	Z	C	T	U	W	L	L	E	G	O	E	P	L	A	W	P	S	T
R	Y	R	S	E	I	V	J	I	E	G	R	O	C	H	A	D	M	A	L	V
N	P	A	R	Q	O	M	T	Z	S	D	D	E	E	L	R	Z	Q	P	O	Q
P	N	C	I	Z	N	N	F	N	T	B	O	E	T	G	O	X	O	U	U	J
M	R	R	A	N	A	A	A	Z	E	Z	L	O	K	S	L	N	A	Z	N	H
L	H	A	H	C	L	T	V	T	R	A	Y	S	W	O	F	U	E	B	G	G
P	I	B	C	N	S	C	L	C	E	A	Z	X	B	T	M	U	B	D	E	D
R	Z	J	D	R	O	U	N	D	O	T	T	O	M	A	N	S	A	Q	R	C
U	X	D	O	H	F	M	R	C	S	B	S	U	W	F	V	E	D	S	A	O
Z	F	E	P	L	A	T	F	O	R	M	B	E	D	Z	V	P	B	C	V	F

Puzzle 50

WICKER
WATERBED
POD CHAIRS
STEREO CABINET
MACRAME CHAIR
ROUND OTTOMAN
CANTILEVER CHAIR

TV TRAYS
BAR CART
FLORAL COUCH
PEACOCK CHAIR
SECTIONAL SOFA
EAMES LOUNGER
SMOKED GLASS TABLE

PAPASAN
COLONIAL
BENTWOOD
PLATFORM BED
BEAN BAG CHAIR
CONSOLE STEREOS

The Dukes of Hazzard

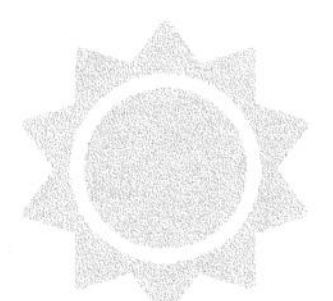

D	W	E	C	I	Y	M	G	S	R	R	D	Z	Q	X	H	C	Z	G	E
M	N	L	M	Q	T	I	D	E	I	Z	U	F	L	H	U	V	A	L	N
M	G	I	X	D	F	N	O	E	S	C	C	I	D	G	V	V	Y	N	I
N	R	E	H	T	U	O	S	B	K	Y	A	L	Y	C	P	E	V	W	H
H	V	H	N	A	N	I	E	O	O	G	O	O	D	O	L	B	O	Y	S
S	A	Q	O	F	K	T	E	C	I	T	S	U	J	N	I	H	V	U	N
Y	T	Z	W	L	C	C	B	J	A	V	R	R	N	F	G	B	N	C	O
G	G	R	Z	G	W	A	H	E	E	Y	S	O	A	E	Y	C	T	E	O
E	V	E	O	A	L	W	Z	U	D	S	T	S	P	D	L	S	W	N	M
P	A	F	S	H	R	N	L	I	E	D	U	C	N	E	V	A	Y	M	F
C	E	U	A	X	S	D	L	E	S	E	N	O	J	R	D	S	S	W	C
N	O	E	N	R	B	M	C	T	E	W	T	E	H	A	C	D	V	T	S
O	W	R	A	B	J	Q	I	O	A	L	S	G	I	T	Z	P	I	U	M
R	G	O	R	F	O	Z	L	N	U	S	S	S	V	E	R	W	S	Q	Y
W	A	L	T	U	O	S	U	R	E	N	Y	L	Y	F	S	U	W	X	H
E	W	M	F	E	P	M	S	G	I	D	T	E	Y	L	L	A	O	N	L
D	I	N	F	D	M	T	L	H	A	B	O	Y	L	A	V	I	H	C	D
J	E	Q	Z	Y	A	O	I	U	O	Z	B	H	Z	G	O	D	K	C	T
S	Z	Y	R	J	P	I	H	O	O	G	B	R	V	O	U	M	L	Q	U
S	W	E	E	L	L	A	R	E	N	E	G	I	N	Q	Q	G	C	Y	L

Puzzle 51

DAISY
ACTION
"YEE-HAW !"
UNCLE JESSE
MOONSHINE
COURTHOUSE
HAZZARD COUNTY
CHASE
OUTLAW
INJUSTICE
SOUTHERN
CORRUPTION
GOOD OL' BOYS
CONFEDERATE FLAG
ROSCO
STUNTS
BOSS HOGG
HOMETOWN
GENERAL LEE
DENIM SHORTS

Taxi Driver

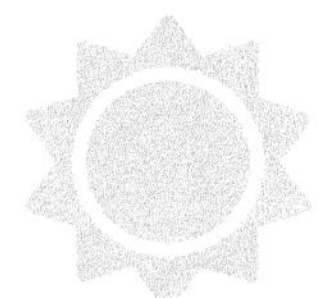

A	Q	R	I	O	M	A	N	T	A	I	V	E	G	R	Z	O	B
L	E	T	J	F	L	K	H	E	E	O	R	T	A	R	G	O	E
T	C	G	F	G	L	N	S	V	B	D	E	N	I	R	O	F	K
S	I	S	V	I	J	D	I	S	V	E	D	A	I	A	X	D	C
T	V	J	N	K	H	O	E	X	T	D	T	L	M	M	K	V	F
T	R	M	S	F	L	S	D	A	X	A	E	I	O	O	F	D	Q
I	E	I	V	E	S	E	T	I	P	T	U	G	H	C	O	D	Z
R	S	Z	N	I	H	S	L	H	E	H	A	I	A	C	W	D	J
F	T	C	O	M	L	D	O	O	G	F	O	V	W	R	A	T	Y
E	E	N	A	A	D	F	N	P	Y	I	O	R	K	Z	N	Z	Z
A	R	E	T	I	G	E	E	K	N	H	N	S	I	X	B	E	A
I	C	N	O	E	N	O	L	A	S	I	V	Z	T	S	F	H	G
N	E	D	T	R	A	V	I	S	B	I	C	K	L	E	M	K	G
M	S	S	F	Y	G	Z	N	O	D	T	N	U	D	W	R	S	B
O	N	F	T	B	T	N	E	W	Y	O	R	K	I	M	I	X	I
S	Q	Q	D	W	B	L	S	O	R	C	I	T	A	R	R	E	J
N	I	Y	D	Q	G	I	S	N	C	X	E	N	P	D	T	R	X
I	G	T	S	C	O	R	S	E	S	E	W	B	X	W	R	H	L

Puzzle 52

COMA
ENRAGED
VIGILANTE
SCORSESE
NEW YORK
NIGHT SHIFT
TRAVIS BICKLE

DE NIRO
MOHAWK
VIOLENCE
OBSESSION
APHORISMS
JODIE FOSTER
SECRET SERVICE

ALONE
MOODY
ERRATIC
INSOMINIA
LONELINESS
MENTAL STATE

Major Events In The '70s

F	T	L	B	U	O	E	F	R	I	N	N	K	Z	S	X	P	G	E	S	B	W
D	E	E	R	U	T	L	U	C	O	C	S	I	D	C	A	M	W	I	K	E	S
F	S	G	P	Y	E	T	S	W	R	G	P	P	R	T	S	Y	L	A	W	A	P
V	T	A	H	M	J	F	E	H	A	S	S	E	L	O	U	R	R	P	K	B	X
X	T	T	X	F	N	O	E	B	A	M	N	M	K	D	P	S	I	O	D	O	E
Q	U	S	Z	Y	Z	S	U	Z	Q	N	F	B	X	D	T	V	S	L	I	R	M
M	B	O	K	U	F	O	N	B	A	K	E	L	H	U	F	S	L	L	U	T	M
W	E	H	J	D	R	R	G	C	Z	T	Z	U	R	Q	I	R	A	O	W	I	S
N	B	S	J	J	W	C	S	W	A	L	T	M	A	N	R	A	D	M	J	O	I
X	A	C	N	Y	L	I	A	M	O	L	A	R	U	G	U	W	N	I	R	N	X
V	B	I	I	N	R	M	A	V	I	A	K	L	E	U	Z	R	A	S	J	R	G
O	Y	P	X	M	I	X	Z	K	C	O	R	K	N	U	P	A	C	S	U	I	C
I	E	M	O	R	D	N	Y	S	M	L	O	H	K	C	O	T	S	I	P	G	D
W	R	Y	N	F	R	G	Q	E	P	W	E	H	I	T	D	S	E	O	C	H	C
M	E	L	V	I	S	D	E	A	T	H	U	X	L	N	O	W	T	N	B	T	A
U	S	O	B	E	A	T	L	E	S	B	R	E	A	K	U	P	A	H	A	S	I
S	N	L	D	E	B	U	T	M	U	Q	M	X	E	I	F	G	G	Q	R	S	D
A	N	Q	R	A	W	M	A	N	T	E	I	V	C	J	H	V	R	N	C	J	N
V	S	N	H	V	R	W	A	L	T	D	I	S	N	E	Y	R	E	S	O	R	T
O	M	L	U	U	F	K	H	V	Q	K	D	R	H	O	T	Z	T	E	D	L	B
M	E	I	I	U	S	A	B	I	C	E	N	T	E	N	N	I	A	L	E	J	F
Z	W	P	Q	U	C	G	W	B	A	Y	U	N	U	Y	A	G	W	X	B	B	A

Puzzle 53

NIXON	BETAMAX	STAR WARS
SNL DEBUT	PUNK ROCK	MICROSOFT
ELVIS' DEATH	MRI SCANNER	UPC BARCODE
VIETNAM WAR	DISCO CULTURE	APOLLO MISSION
TEST TUBE BABY	BEATLES BREAKUP	U.S.A. BICENTENNIAL
ABORTION RIGHTS	OLYMPICS HOSTAGE	WATERGATE SCANDAL
WALT DISNEY RESORT	STOCKHOLM SYNDROME	

Love Songs In The '70s

V	X	Q	N	P	L	O	V	E	L	Y	D	A	Y	Q	Z	B	M	X	F	R
F	Y	K	W	B	W	E	L	I	M	S	E	M	E	K	A	M	T	V	C	H
H	O	F	S	S	I	S	T	E	R	G	O	L	D	E	N	H	A	I	R	J
I	U	B	F	E	B	B	H	S	D	W	K	O	F	D	G	W	P	N	N	T
M	N	B	A	B	E	S	L	M	S	H	C	Y	B	I	P	Z	Z	M	D	J
I	E	G	M	T	Y	S	D	U	O	T	O	W	N	P	X	T	J	Z	N	Y
V	E	U	K	I	A	J	S	U	E	U	A	O	M	C	Q	K	Z	U	G	H
H	D	V	Z	T	C	T	A	P	R	B	T	Y	R	U	W	D	D	J	Z	L
R	E	W	O	E	M	W	I	S	X	L	A	X	T	C	K	N	A	F	P	Q
H	D	T	D	L	F	X	O	Y	U	G	F	Y	W	O	Y	U	A	U	T	A
N	M	T	R	G	N	N	T	F	Y	W	R	D	O	H	G	P	R	F	N	Q
N	E	W	I	B	G	I	R	C	L	U	Y	A	T	U	U	E	W	H	D	E
R	G	F	B	D	L	E	N	O	L	F	X	L	C	P	L	O	T	H	H	K
B	Q	V	G	W	D	E	X	I	G	O	O	Z	G	O	O	F	G	H	M	Q
V	L	G	N	N	W	X	F	F	L	D	S	E	V	O	L	Y	M	C	E	K
U	I	F	O	Q	O	L	S	I	L	L	B	E	T	H	E	R	E	M	R	R
Z	N	W	S	E	Z	C	Z	W	B	M	A	N	T	E	I	K	F	D	S	N
R	O	O	D	R	I	F	T	A	W	A	Y	F	U	O	Y	D	E	E	N	I
L	T	F	I	Y	F	V	C	J	G	G	N	D	F	E	Y	S	G	D	Y	Z
K	P	F	Z	T	A	V	E	N	X	D	R	U	H	Y	V	O	S	Y	K	W
E	I	Z	E	I	L	E	Q	M	H	K	M	E	C	Z	X	S	U	Y	D	C

Puzzle 54

BABE
MY LOVE
LET IT BE
BLUE BAYOU
I'LL BE THERE
YOU NEEDED ME
SISTER GOLDEN HAIR

LADY
SONGBIRD
PURE LOVE
I NEED YOU
CLOSE TO YOU
FALLIN' IN LOVE
LET'S STAY TOGETHER

MANDY
YOUR SONG
LOVELY DAY
DRIFT AWAY
MAKE ME SMILE
WONDERFUL TONIGHT

Talk/Variety Shows In The '70s

U	W	J	U	J	J	G	M	K	V	K	N	P	K	M	C	B	S	P	O
E	F	N	H	M	C	N	B	A	F	M	Z	O	H	I	M	X	E	X	S
P	Q	L	A	H	E	L	E	N	R	E	D	D	Y	A	G	Z	K	T	B
W	K	M	I	V	S	R	Y	D	M	D	O	H	C	F	O	Z	T	D	G
B	C	S	L	P	I	W	G	G	J	Z	G	D	F	H	O	K	J	M	X
B	Z	R	R	E	W	L	F	R	F	K	A	V	A	Y	D	P	N	I	Y
I	T	O	P	E	V	I	L	J	I	V	Y	L	R	M	T	Q	W	K	W
D	L	B	T	Q	T	V	L	U	I	F	D	N	Y	L	I	D	G	E	S
I	W	A	S	X	C	L	G	S	S	U	F	W	W	A	M	H	I	D	L
C	J	N	O	E	U	H	A	N	O	D	L	I	H	P	E	G	Q	O	I
K	R	M	R	Z	Z	C	H	W	D	N	E	F	N	R	H	V	M	U	A
C	E	I	F	C	N	O	S	R	A	C	Y	N	N	H	O	J	D	G	S
A	D	J	D	D	E	A	N	M	A	R	T	I	N	X	U	P	N	L	M
V	Y	M	I	K	E	W	A	L	S	H	A	R	D	G	R	W	M	A	M
E	N	B	V	V	C	Q	L	D	M	F	H	B	Y	J	P	V	B	S	R
T	S	S	A	P	P	P	T	J	D	E	N	A	R	C	S	E	L	K	N
T	M	I	D	N	I	G	H	T	S	P	E	C	I	A	L	C	Y	G	Z
H	O	U	J	S	Y	B	K	Z	J	B	E	P	O	H	B	O	B	O	B
U	T	T	J	F	N	T	D	B	T	W	N	N	W	E	Z	X	Y	Z	A
R	F	E	C	A	L	P	S	H	A	N	I	D	W	O	Z	A	E	B	Q

Puzzle 55

BOB HOPE
ED SULLIVAN
MER GRIFFIN
TOM SNYDER
HELEN REDDY
PHIL DONAHUE
BARBARA WALTERS

LES CRANE
MIKE WALSH
DICK CAVETT
DAVID FROST
MIKE DOUGLAS
JOHNNY CARSON
MIDNIGHT SPECIAL

MAC DAVIS
JIM NABORS
FLIP WILSON
DEAN MARTIN
DINAH'S PLACE
GOODTIME HOUR

The Omen

H	T	K	Y	M	N	E	I	M	A	D	Y	H	Q	L	D
K	K	P	P	V	I	O	L	E	C	G	X	F	G	Z	J
F	R	C	O	T	L	S	A	E	J	R	O	R	N	K	K
Y	A	U	I	D	P	G	C	N	D	R	E	O	I	C	Y
U	M	N	U	D	A	W	I	A	E	V	K	E	P	E	R
R	H	S	S	E	H	P	G	B	R	F	O	K	P	P	E
V	T	E	C	V	C	Y	O	B	L	R	S	A	I	Y	T
C	R	T	Z	U	B	D	L	T	O	L	I	L	R	R	S
L	I	T	O	M	I	N	O	U	S	C	N	A	G	O	A
I	B	L	B	N	S	N	I	Z	V	E	I	U	G	G	N
J	X	I	G	G	N	I	B	R	U	T	S	I	D	E	O
S	A	N	T	I	C	H	R	I	S	T	T	S	E	R	M
A	O	G	J	Q	L	V	X	Q	B	L	E	C	I	G	X
H	Y	C	I	N	O	M	E	D	E	S	R	U	C	O	Z
I	K	L	A	R	D	E	H	T	A	C	J	Q	I	S	E
R	E	L	I	E	W	T	T	O	R	W	Z	F	N	B	H

Puzzle 56

ADOPT
DAMIEN
SINISTER
CATHEDRAL
UNSETTLING
ROTTWEILER
MISCARRIAGE

CREEPY
DEMONIC
OMINOUS
GRIPPING
MONASTERY
FOREBODING
GREGORY PECK

CURSED
CHAPLIN
BIRTHMARK
ANTICHRIST
BIOLOGICAL
DISTURBING

Fitness In The '70s

N H E S T K D D L V S E G K O R V O E J I L A
S U N W E I G H T L I F T I N G S O V M Y B D
V N F I L W N O R I G N I P M U P N E G W W D
F V O R M X E R B E J Y L C M S J D D O G A W
J J N I Z T U A A S G T Q O D J I S L Y H L Z
Q Z D C T J O G G I N G U W D C S T P G A E S
W F W D I A W S U W N G E I I F S A G O Y C B
D J P W A C U U N A V U U N I C M T L A F O U
A Q A F H N N L W A L N E I E I Y I L M X O L
Z M C Z M I C A A N N B G A L Z G O L K H P C
K C U R Z V E E G V A C F T G J R N C U R I H
Q J C I I E T O C L E A R H R U O A W W T L T
Q Q B A H G R S L A G S I O U E O R W H Q A L
V N A L L R M C P N R C S M X Q D Y T H I T A
I A L B V I B Z I L X D K E H I T B R M C E E
F H U E S H S H O S D T I W N T U I X A Z S H
B W P F O F C T J U E A V O S T O K P G N F B
Q Z Y F K T G E H Z C I S R V K I E G W Z B F
M J B Z E F A J G E J C J K C A I F O H A D L
X N K R X M E R T M N H X O H P F T O L L S Q
E Z T S I S L C D S A I V U A P E M L N S S K
Q S N X C I P Q F S X M C T Z C N E C B D L D
U T A U R E N O V M F E I S B C T I A Z A A K

Puzzle 57

YOGA
PILATES
LEOTARDS
PUMPING IRON
WEIGHT LIFTING
OUTDOOR GYMS
AT-HOME WORKOUTS

FONDA
JOGGING
JAZZERCISE
CALISTHENICS
HEALTH CLUBS
SCHWARZENEGGER
FITNESS EVALUATIONS

BALLET
TAI CHI
STRETCHING
DANCE CARDIO
MEDICINE BALL
STATIONARY BIKE

Home Decor In The '70s

M	L	D	T	P	O	P	C	O	R	N	C	E	I	L	I	N	G	K	J	C
M	P	M	S	R	O	R	R	I	M	T	S	R	U	B	N	U	S	W	N	A
E	L	O	P	T	J	M	B	B	O	L	D	F	L	O	R	A	L	X	I	I
S	G	O	S	N	I	S	G	F	I	J	D	U	Q	C	Q	D	D	L	D	B
E	X	R	E	A	G	P	F	X	T	T	U	L	R	X	D	I	A	I	E	C
N	Q	G	V	S	R	I	N	Z	K	S	E	L	Y	T	S	D	E	X	I	M
O	R	N	L	N	I	E	S	O	A	I	N	X	Z	C	F	R	C	A	W	M
T	B	I	E	H	B	D	P	E	I	X	J	T	O	F	P	S	T	R	E	X
H	E	V	H	T	L	L	C	A	D	T	O	B	L	T	T	Y	E	M	Q	E
T	A	I	S	S	E	P	W	Q	P	R	A	O	K	N	G	V	A	U	Q	Q
R	D	L	C	P	N	P	F	N	V	L	A	S	A	Y	A	F	K	M	T	T
A	E	N	I	Y	S	J	R	E	L	T	L	L	R	M	U	F	Y	M	A	X
E	D	E	T	K	B	Y	F	A	I	E	P	A	U	E	A	B	D	W	H	U
Q	C	K	S	P	O	T	C	N	C	G	G	H	W	D	V	R	K	K	A	N
B	U	N	A	E	I	C	G	H	N	G	L	A	L	T	O	N	X	R	G	W
F	R	U	L	K	E	S	B	I	E	B	A	I	E	A	E	M	O	Q	D	V
P	T	S	P	N	T	O	G	K	Q	D	X	H	D	C	Q	V	R	C	T	R
L	A	D	T	A	Q	N	F	M	O	A	E	T	S	J	A	D	L	X	U	V
X	I	S	I	F	A	U	X	W	O	O	D	L	B	N	V	P	X	E	W	W
W	N	R	U	H	D	I	T	Y	Z	O	E	M	I	D	K	T	S	K	V	V
O	S	M	B	I	V	A	K	A	B	S	T	R	A	C	T	A	R	T	G	J

Puzzle 58

TEAK
SHAG CARPET
EARTH TONES
PLASTIC SHELVES
MODULAR DESIGN
VELVET WALLPAPER
SUNKEN LIVING ROOM
FAUX WOOD
PSYCHEDELIC
MIXED STYLES
HANGING PLANTS
POPCORN CEILING
SUNBURST MIRRORS
DISCO BALL ACCENTS
SPACE AGE
BOLD FLORAL
ABSTRACT ART
FLOATING STAIRS
BEADED CURTAINS
CONVERSATION PITS

The Carol Burnett Show

O	Y	P	M	G	O	D	V	U	L	T	P	X	A	U	A	W	J	W	S
M	Q	M	C	Y	Z	P	T	Z	Z	X	I	L	W	Z	N	J	H	U	A
G	S	G	U	T	R	A	E	H	S	P	A	M	A	L	C	O	S	Y	M
B	U	S	J	C	B	A	U	A	E	E	Y	F	C	U	I	Z	N	C	X
H	O	X	S	O	D	M	O	R	H	D	D	F	F	O	G	B	O	P	D
M	I	P	I	E	Z	V	F	V	C	Q	E	Z	T	X	N	H	I	A	U
V	R	H	I	G	R	O	W	E	T	C	I	N	V	V	N	W	T	T	G
I	A	S	A	U	R	D	D	Y	E	D	M	I	T	Y	B	J	A	E	I
E	L	N	W	M	N	G	D	K	K	N	P	Y	P	I	H	L	N	Y	R
K	I	F	E	I	R	M	S	O	S	B	R	R	U	M	S	D	O	R	F
S	H	R	W	V	G	L	Z	R	R	U	O	T	G	A	E	T	S	Q	P
L	S	C	I	J	U	G	V	M	G	N	V	X	F	M	U	N	R	K	Y
Q	G	H	L	N	B	C	I	A	E	A	I	Z	Y	A	N	I	E	N	O
V	E	W	X	G	P	Y	V	N	N	P	S	A	Z	H	I	T	P	S	M
K	O	A	V	M	V	B	C	H	S	E	A	M	T	A	C	V	M	X	K
S	T	I	K	S	K	Y	T	I	L	I	T	A	S	R	E	V	I	L	E
T	H	U	P	A	R	O	D	I	E	S	I	J	U	P	U	X	J	M	H
U	H	X	N	A	M	T	S	E	D	L	O	P	A	E	H	C	E	D	U
K	J	E	V	R	K	T	L	B	B	J	N	D	X	R	T	W	B	L	I
Q	R	Z	V	Q	N	O	D	R	T	U	D	B	A	L	L	D	R	S	I

Puzzle 59

DORF
EAR TUG
LAUGHTER
THE DENTIST
OLDEST MAN
MRS.WIGGINS
IMPERSONATIONS
SKITS
SKETCHES
HILARIOUS
VERSATILITY
DR.TUDBALL
IMPROVISATION
CURTAIN ROD DRESS
EUNICE
PARODIES
PERFORMERS
TIM CONWAY
MAMA HARPER
HARVEY KORMAN

The Bugs Bunny Show

P	R	A	N	K	S	T	S	H	L	O	T	S	I	P	F	B	E
H	P	E	M	U	I	P	K	A	Y	Y	M	Z	H	H	T	Z	Q
L	U	H	T	K	F	V	L	T	R	A	M	S	T	U	O	M	P
N	L	V	I	S	R	Y	O	S	E	M	I	T	E	S	A	M	H
R	J	A	O	E	E	B	F	C	N	N	F	U	O	H	R	S	Y
A	G	L	C	U	L	V	L	R	B	M	K	T	N	X	E	W	R
Y	Y	S	C	I	U	B	L	S	T	I	W	T	U	O	N	H	A
X	D	S	O	G	R	W	A	Y	I	S	M	E	J	G	N	L	O
A	G	E	D	R	F	I	S	T	S	C	W	R	N	I	U	F	H
C	H	L	P	W	X	C	T	N	C	H	H	I	E	P	R	S	I
Y	G	E	U	Q	D	K	A	A	N	I	W	N	L	Y	D	B	L
N	T	M	S	C	P	A	H	R	S	E	D	G	M	K	A	M	U
X	E	I	T	G	U	O	T	B	Y	V	T	E	E	R	O	T	H
D	E	T	A	M	I	N	A	I	S	O	O	B	R	O	R	N	Q
F	U	Y	H	R	R	E	P	V	E	U	H	I	F	P	P	U	O
S	W	U	W	Z	Q	S	I	E	W	S	F	E	U	W	N	T	J
J	B	K	I	T	W	E	E	T	Y	B	I	R	D	C	T	U	H
K	J	X	A	F	K	C	U	D	Y	F	F	A	D	O	O	R	C

Puzzle 60

PRANKS
VIBRANT
SYLVESTER
OUTSMART
DAFFY DUCK
ROAD RUNNER
UNPREDICTABLE
PISTOL
SATIRICAL
ANIMATED
STUTTERING
MISCHIEVOUS
"WHAT'S UP, DOC ?"
"THAT'S ALL, FOLKS !"
OUTWITS
TIMELESS
PORKY PIG
ELMER FUDD
TWEETY BIRD
YOSEMITE SAM

Kids TV Shows In The '70s

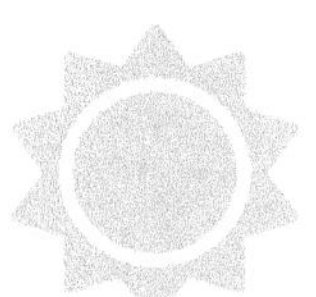

Q	S	N	D	U	V	C	W	X	P	R	Z	Q	T	B	T	V	A	C	M	Z	W	I
Y	R	R	E	J	D	N	A	M	O	T	M	P	M	N	B	S	X	O	I	D	R	C
E	E	Y	Q	R	T	V	N	Y	Q	Y	M	I	C	U	E	P	S	P	T	S	L	R
H	G	R	C	Z	H	S	Z	F	K	C	K	E	O	L	F	C	N	G	V	S	K	P
W	O	H	S	T	E	P	P	U	M	E	H	T	G	O	H	F	D	E	H	X	G	H
E	R	S	Z	S	E	P	A	D	D	I	N	G	T	O	N	B	E	A	R	B	G	D
D	R	F	V	Z	L	V	Q	I	Y	Y	U	A	O	E	U	A	W	A	N	J	T	B
D	E	Y	T	Y	E	F	I	L	A	N	W	L	V	G	K	W	S	A	J	P	R	A
S	T	L	I	M	C	I	Y	F	S	C	H	J	S	M	D	H	M	S	P	Q	E	M
W	S	T	A	A	T	R	K	R	N	O	Y	B	A	P	G	E	O	N	D	X	B	G
M	I	E	M	Q	R	T	O	C	U	O	U	H	J	B	V	X	Z	O	M	G	L	V
C	M	X	M	I	I	T	B	S	U	N	S	G	G	A	B	L	S	S	R	U	A	O
Z	F	O	J	O	C	A	E	M	N	T	M	K	C	D	N	E	P	T	R	J	T	N
F	U	B	O	O	C	R	O	Y	R	X	C	N	C	H	S	I	R	E	K	T	A	T
Q	S	Q	D	V	O	E	S	H	K	D	I	D	L	A	D	W	V	J	G	V	F	A
V	B	R	J	C	M	C	H	T	G	A	R	K	M	E	J	S	Q	E	A	B	F	D
A	B	G	K	I	P	E	A	Z	T	D	U	E	R	B	R	B	V	H	Z	W	N	M
D	W	Q	I	N	A	Y	Z	P	S	M	S	W	S	H	V	J	P	T	P	X	R	D
Y	C	G	H	J	N	V	A	X	H	T	O	D	U	S	F	S	Q	R	R	W	G	A
I	R	K	T	O	Y	C	M	G	R	M	H	G	U	T	U	B	B	Y	Q	P	X	L
V	B	V	B	R	W	R	W	E	A	J	O	I	B	E	F	P	T	R	Q	B	D	D
D	T	H	E	F	R	I	E	N	D	L	Y	G	I	A	N	T	Q	V	Y	P	G	B
K	N	G	H	H	C	T	X	B	C	S	C	O	O	B	Y	D	O	O	D	W	F	C

Puzzle 61

SHAZAM
FAT ALBERT
THE JETSONS
SESAME STREET
THE MUPPET SHOW
DOCTOR SNUGGLES
THE ELECTRIC COMPANY

JABBERJAW
BUGS BUNNY
SPIDER-WOMAN
TOM AND JERRY
CAPTAIN CAVEMAN
SCHOOLHOUSE ROCK

MR.DRESSUP
SCOOBY-DOO
JACKSON FIVE
MISTER ROGERS
PADDINGTON BEAR
THE FRIENDLY GIANT

Remembering The '70s

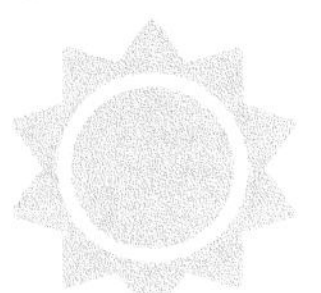

C T N E W X W V S X I I Y H W D G A P X Y N U
H N E D Z A H N P M J B B M M C X C C J Y V F
Q I D D E N I M S U I T J D C A I O R N P N P
G R G H T R T B V O S J Y T Q H V Q I W K I U
V P A H C K E I U B A E H P H Q J H M L S V K
L L H S W L N D U C W O I Z Z U S F P M D Z O
T A D R J A O A I S F E P N N N L C L K R W V
J R I M Y M I P B O D G P L U Z L Z E A O F A
O O S N N R S S A V R E I I L L O R N K C O R
D L C K Y O E G T D D B E I I I W H E F E M E
I F O I S C T H O E I W M W Y N M Y S D R K V
I D B H T M V J G H D M O E T Y S C T O L C E
F U A F C D S N V O P J V L W J M E O A Y A E
N J L K A R M Y J A C K E T L H Z E C R N X L
S B L C D E L V F V M E M A L I E W K X I C S
T Z F E D G V I I P B F E Z N F P K I A V M Y
K W B N D F L A R E P A N T S S Q Y N M I W F
G A I E N I S L G M G I T K U Q B D G S U P F
G T U L B N K N E E H I G H B O O T S G J W U
S W M T I H N Y R S R S E O H S P U E C A L P
W S T R O H S T R O H S M L W D A H M F F H P
Z D W U N K J H B F B W N R A B B I T E A R S
L W E T U V K R Y A U K A V L N T H F W V Z J

Puzzle 62

DENIM SUIT
RABBIT EARS
TURTLE NECK
FLORAL PRINT
LACE-UP SHOES
KNEE-HIGH BOOTS
CRIMPLENE STOCKINGS

TWEED SUIT
PUFFY SLEEVE
ROCK 'N' ROLL
EMBROIDERED
VINYL RECORDS
SHAGGY PILLOW
HIPPIE MOVEMENT

DISCO BALL
FLARE PANTS
ARMY JACKET
SHORT SHORTS
WHITE NOISE TV
HIGH-WAISTED JEANS

The Brady Bunch

Z	J	G	C	R	N	S	I	B	L	I	N	G	S	J	A	W
R	T	Z	H	P	W	T	H	X	Q	S	Q	Y	O	T	A	L
S	X	T	T	U	G	A	T	C	E	T	I	H	C	R	A	B
T	E	C	A	R	D	I	R	G	E	R	A	U	Q	S	H	Y
A	A	N	A	Z	V	R	T	E	C	A	S	T	O	Y	N	W
T	G	L	T	Q	U	C	D	Q	I	D	U	Z	S	D	W	Q
I	W	L	E	I	J	A	V	J	L	I	O	W	G	A	M	A
O	Q	A	I	N	M	S	R	W	A	T	I	A	O	R	O	I
N	P	B	D	N	T	E	W	G	H	I	N	A	O	B	T	R
W	U	T	S	E	N	S	N	F	S	O	O	L	D	E	I	K
A	G	O	R	U	D	O	H	T	P	N	M	V	N	H	F	Y
G	Y	O	O	E	S	N	C	O	A	A	R	E	A	T	Q	P
O	G	F	W	E	G	I	E	E	W	L	A	J	T	G	M	Q
N	W	G	M	I	T	I	P	L	N	E	H	U	U	O	L	Y
J	Y	E	R	E	H	C	T	U	B	T	E	L	R	A	M	U
J	H	M	H	Y	Z	M	Q	L	I	Q	R	E	E	D	Q	E
T	W	R	F	J	A	L	Y	L	I	M	A	F	D	G	D	M

Puzzle 63

TIGER
ALICE
BUTCHER
INNOCENT
STAIRCASE
TRADITIONAL
SQUARE GRID
FAMILY
FOOTBALL
THE BRADYS
HARMONIOUS
TALENT SHOW
GOOD-NATURED
STATION WAGON
MOTIF
SIBLINGS
BLENDED
ARCHITECT
THEME SONG
SENTIMENTAL

Love Story

L	B	T	O	R	E	V	I	L	O	X	G	F	I	U	F	C	Q	J
Y	N	M	O	Z	A	R	T	A	N	D	B	A	C	H	F	S	Z	F
N	Q	P	P	K	X	P	R	E	D	Z	C	B	Z	S	L	E	I	Z
P	N	I	W	A	J	P	G	N	V	L	O	O	V	B	I	I	L	N
S	Y	N	O	M	S	F	L	O	D	O	N	C	Q	Y	C	C	G	L
A	L	S	R	A	G	A	U	N	I	V	N	E	V	Q	C	A	E	M
C	A	P	K	R	N	M	T	A	D	E	E	B	A	E	F	C	C	R
H	N	I	I	D	B	I	E	Y	F	A	C	Z	Y	I	V	I	B	O
I	O	R	N	M	Y	L	G	R	F	F	T	E	S	M	L	R	L	M
F	I	E	G	T	S	Y	X	V	S	F	I	N	H	P	X	T	T	A
I	T	D	C	Q	N	D	F	E	K	A	O	H	L	U	N	N	L	N
C	O	K	L	J	E	Y	G	P	F	I	N	E	D	Y	Z	I	Y	T
E	M	Y	A	P	K	N	H	H	T	R	X	S	S	E	N	L	L	I
F	E	D	S	N	E	A	O	A	Q	I	G	A	B	E	C	N	Z	C
G	H	E	S	L	R	M	R	K	T	F	Y	K	T	U	G	K	E	D
Q	R	D	L	V	R	I	B	I	T	T	E	R	S	W	E	E	T	J
Z	Q	A	A	I	P	C	E	A	S	N	T	D	K	M	D	H	K	H
H	H	R	Z	S	Y	S	O	R	R	O	W	M	Z	G	U	P	U	G
C	D	T	A	N	V	G	N	I	T	A	K	S	E	C	I	O	U	M

Puzzle 64

JENNY
ILLNESS
INSPIRED
LOVE AFFAIR
ASPIRATIONS
RYAN O'NEAL
MOZART AND BACH

OLIVER
SORROW
EMOTIONAL
INTRICACIES
BITTERSWEET
CONNECTION
FAMILY DYNAMICS

DRAMA
HARVARD
ROMANTIC
ICE SKATING
CHALLENGES
WORKING CLASS

Barbies In The '70s

Z	R	T	Y	U	O	Y	N	I	V	O	L	A	Y	X	E	Z	W	L
B	Q	P	C	L	U	U	T	H	N	Q	C	I	K	T	O	P	Y	C
V	A	M	U	F	I	F	B	P	J	O	T	R	N	H	N	R	N	J
B	N	L	P	G	W	M	R	Y	T	X	I	E	P	C	W	E	O	T
U	I	G	L	F	N	Y	A	E	Z	E	H	H	E	X	U	T	W	U
L	V	R	M	E	E	I	F	F	E	T	S	Y	S	U	B	T	U	W
D	O	M	Q	A	R	Y	W	R	E	M	S	P	E	A	E	Y	E	U
W	L	L	A	E	E	I	Z	O	R	N	O	J	X	A	F	C	T	D
Y	N	R	H	L	L	R	N	D	R	F	I	V	O	L	U	H	V	U
C	U	U	A	Y	I	Y	D	A	T	G	H	H	I	F	H	A	D	D
Y	S	C	W	T	O	B	N	N	U	G	A	U	S	N	N	N	Q	Z
B	Y	K	A	S	S	H	U	Q	E	W	W	J	C	N	G	G	I	D
D	J	C	I	N	D	R	E	A	M	D	A	T	E	W	U	E	H	Y
F	F	I	I	K	I	F	E	U	F	K	L	E	D	Q	X	S	Z	P
E	X	U	A	L	S	X	T	P	S	C	G	O	G	A	L	Q	G	F
D	I	Q	N	A	C	G	E	T	U	P	S	N	G	O	V	V	W	F
P	W	C	L	W	O	T	C	R	Y	S	T	A	L	F	E	H	A	Q
G	U	F	T	O	J	S	P	M	W	R	Z	A	R	M	X	Z	P	O
K	T	Z	Q	E	R	E	P	M	A	C	Y	R	T	N	U	O	C	W

Puzzle 65

DISCO
CRYSTAL
LOVIN'YOU
QUICK CURL
FREE MOVING
GET-UPS 'N GO
PRETTY CHANGES
MALIBU
HAWAIIAN
SUN LOVIN'
BUSY STEFFIE
GROWING UP
WALK 'N STYLE
SUNSHINE FAMILY
FASHION
BALLERINA
SUPERSTAR
DREAM DATE
GOLDEN DREAM
COUNTRY CAMPER

Country Female Artists In The '70s

W	E	E	S	M	I	T	H	D	T	F	I	Q	G
Q	T	C	I	P	X	R	C	C	L	I	N	E	J
Z	I	M	V	F	A	C	V	I	H	T	S	E	W
E	J	H	A	P	W	R	O	X	E	V	R	T	F
J	P	D	D	N	X	D	T	L	A	I	M	T	A
V	E	U	L	T	D	R	I	O	T	A	U	E	R
S	M	M	A	I	U	R	T	N	N	E	R	N	G
A	E	K	A	S	H	C	E	W	N	O	R	Y	O
B	P	E	N	I	L	C	K	L	Y	Y	A	W	T
X	B	A	L	C	M	L	R	E	L	L	Y	V	R
D	A	J	J	Y	D	R	S	I	R	R	A	H	E
W	B	P	N	D	S	H	E	P	A	R	D	U	E
Z	G	A	Y	L	E	F	O	U	D	F	H	A	L
R	M	R	J	G	B	C	G	T	E	G	B	X	K

Puzzle 66

LEE
CLINE
DAVIS
SMITH
HARRIS
WYNETTE
MANDRELL

LYNN
SEELY
CLINE
PARTON
MURRAY
SHEPARD
FAIRCHILD

WEST
GAYLE
FARGO
COLTER
TUCKER
MCENTIRE

Fantasy Island

T	I	F	E	C	E	Q	G	N	I	Y	F	I	T	A	R	G
Y	Q	P	K	V	Q	N	N	T	W	I	S	T	S	G	S	U
S	J	Q	I	P	G	Y	I	E	D	T	G	P	L	G	R	C
P	E	K	L	Y	X	N	Z	G	Z	I	J	F	B	P	U	A
L	G	T	M	K	D	S	I	V	M	Y	W	W	P	C	D	L
A	H	H	A	G	U	H	R	T	F	A	N	C	I	F	U	L
F	Z	E	E	R	U	I	E	M	N	W	T	T	Z	I	G	U
Z	J	B	R	D	T	E	M	N	C	A	O	I	V	E	E	R
V	U	E	D	E	M	S	S	I	A	X	H	N	C	K	O	I
E	A	L	W	L	G	U	E	T	E	L	H	C	R	T	S	N
L	R	L	J	L	I	V	M	H	S	F	P	A	N	J	E	G
Y	E	S	T	I	V	Q	V	I	C	S	O	A	I	E	R	B
E	S	D	B	F	R	Y	K	H	I	R	W	I	E	P	I	V
B	O	N	C	L	R	H	H	K	R	M	O	Y	J	S	S	N
T	R	V	H	U	B	L	C	M	P	A	O	T	V	S	E	U
E	T	L	R	F	T	A	T	T	O	O	H	Q	J	X	D	W
O	F	D	A	L	L	E	W	E	R	A	F	E	C	D	U	L

Puzzle 67

TWISTS
GUESTS
SURREAL
ALLURING
FULFILLED
ENIGMATIC
MESMERIZING

RESORT
EXOTIC
FANCIFUL
FAREWELL
MR.ROARKE
GRATIFYING
ORCHESTRATES

TATTOO
DESIRES
THE BELL
SEAPLANE
DREAMLIKE
ENCHANTING

Cabaret

O	K	E	T	U	A	Z	Z	C	K	N	S	G	T	N	W	M	O	T	L	X	M	G
Z	V	A	Z	A	F	L	U	T	T	E	R	Y	E	Y	E	L	A	S	H	E	S	T
P	J	F	L	Y	C	Q	P	C	L	F	O	M	R	W	K	E	V	A	U	C	E	D
O	M	B	G	O	Q	J	F	P	Z	V	J	P	Y	E	V	G	B	L	U	N	X	O
Z	T	C	W	N	P	K	H	V	F	L	I	B	O	B	N	U	H	L	W	A	U	C
N	D	S	N	B	I	P	D	P	O	F	A	V	K	C	L	H	Z	Y	L	M	A	T
E	M	I	E	P	E	T	O	H	H	Z	Z	A	A	K	P	I	M	B	E	R	L	O
N	P	H	A	M	U	E	A	C	N	O	V	K	T	C	W	I	X	O	D	O	L	R
G	K	N	Y	Q	U	R	S	V	D	Z	F	A	D	A	I	G	F	W	Q	F	I	A
L	F	K	I	R	N	T	S	U	I	R	K	P	I	K	A	O	M	L	D	R	B	T
I	I	L	I	J	L	S	S	U	O	T	O	E	E	L	W	U	U	E	H	E	E	E
S	L	R	S	M	Q	A	J	O	I	H	P	F	V	K	S	H	L	S	Y	P	R	S
H	T	L	Y	T	V	O	Q	K	C	T	G	A	S	I	I	H	H	U	Z	T	A	Q
L	P	T	E	M	R	A	N	U	T	E	M	N	C	I	U	P	O	B	U	N	T	I
E	Z	U	X	N	B	E	G	R	P	T	T	A	I	G	C	Y	S	K	S	C	I	M
S	Y	R	U	S	N	E	B	G	G	L	L	I	M	D	H	N	Y	Z	B	V	O	O
S	E	M	B	B	F	I	H	O	P	D	V	U	S	I	R	W	A	H	K	F	N	C
O	R	O	E	F	L	J	M	K	R	A	T	E	I	I	C	A	T	R	G	O	A	E
N	L	I	R	P	J	R	A	A	R	N	F	T	Z	J	U	U	O	G	F	Z	C	A
S	D	L	A	E	F	M	M	T	Z	G	A	L	A	I	P	Q	Q	B	K	W	B	I
H	B	Q	N	L	P	A	Z	E	O	I	L	I	N	T	G	G	X	I	Q	C	J	D
W	B	G	T	Z	M	C	F	K	S	E	L	H	R	C	R	B	X	E	T	Q	P	M
J	V	W	I	M	D	I	P	T	Q	G	U	O	A	B	L	N	I	L	R	E	B	A

Puzzle 68

NAZISM
PURSUIT
EXUBERANT
SALLY BOWLES
MUSICAL DRAMA
ENGLISH LESSONS
EXQUISITE COSTUMES
BERLIN
DOCTORATE
CAPTIVATING
KIT KAT KLUB
BRIAN ROBERTS
SEXUAL LIBERATION
FRANCIS FORD COPPOLA
TURMOIL
VIVACIOUS
LIZA MINNELLI
PERFORMANCE
BOARDING HOUSE
FLUTTERY EYELASHES

Junk Food In The '70s

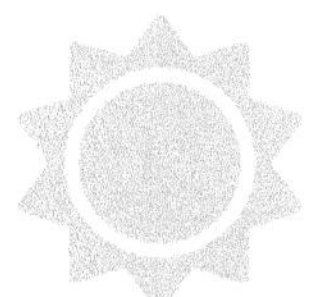

D	C	L	G	M	U	N	V	Y	Y	U	A	I	P	I	I	P	J	H	W
C	C	X	R	E	Y	N	P	S	U	J	R	K	Y	G	G	C	F	E	Z
H	M	S	C	U	A	P	J	O	P	C	I	H	Q	O	Q	H	Y	S	O
E	S	X	T	C	G	H	A	G	P	T	W	I	Z	Z	L	E	R	S	Y
E	A	I	H	E	G	C	L	S	N	A	C	K	C	A	K	E	S	L	N
S	H	O	C	T	G	Y	J	S	W	A	D	H	B	S	B	S	M	M	S
E	S	P	C	O	L	G	V	F	V	U	T	O	E	I	N	E	S	L	D
B	R	U	H	C	R	S	U	E	K	U	L	L	S	I	X	P	N	Q	S
A	E	O	A	V	Y	N	Y	N	F	Z	C	F	G	V	T	U	K	N	S
L	N	Z	R	S	P	U	C	G	N	I	D	D	U	P	O	F	D	C	T
L	N	O	L	Q	C	I	U	H	S	E	G	P	G	Z	Y	F	O	S	V
S	I	P	E	L	U	V	E	P	I	U	K	N	Q	S	X	S	N	M	B
N	D	J	S	F	J	P	O	O	M	P	X	C	E	W	Z	N	U	I	W
I	V	K	T	F	F	P	T	H	O	J	S	B	I	W	V	G	T	J	Q
B	T	R	O	P	I	C	A	L	D	E	L	I	G	H	T	J	S	M	I
P	F	W	N	R	O	C	P	O	P	V	Z	M	E	R	C	O	X	I	C
B	R	I	C	H	E	X	M	I	X	A	B	D	V	N	A	B	N	L	P
L	G	X	H	L	H	H	N	G	O	L	R	O	D	C	F	Q	W	S	X
F	C	P	E	Q	J	H	N	S	S	G	O	D	N	R	O	C	P	G	C
O	F	R	W	X	P	C	D	T	F	J	V	V	Y	H	X	C	I	Q	R

Puzzle 69

TANG
POPCORN
POPSICLES
TWIZZLERS
FIG NEWTONS
CHEESE PUFFS
CHICKEN NUGGETS

NACHOS
SODA POP
TV DINNERS
CORN DOGS
SNACK CAKES
CHEESE BALLS
TROPICAL DELIGHT

DONUTS
CHEX MIX
SLIM JIMS
CORN CHIPS
PUDDING CUPS
CHARLESTON CHEW

Country Male Artists In The '70s

Y	Y	W	I	X	N	O	S	B	I	G	R	D
N	O	S	R	E	F	F	O	T	S	I	R	K
H	S	R	E	G	O	R	K	R	B	V	P	U
Z	F	G	P	V	T	M	C	E	H	C	I	R
P	Y	S	N	R	D	R	A	G	G	A	H	V
A	H	T	M	I	A	S	M	E	O	S	E	T
S	K	Q	T	A	N	B	P	R	C	H	D	I
L	U	M	T	I	I	N	B	J	G	D	I	A
I	P	O	B	I	W	L	E	I	Q	O	R	R
M	W	B	G	D	L	T	L	J	T	F	P	T
L	O	J	E	I	O	L	L	I	I	T	A	S
R	R	E	D	N	E	F	I	Z	W	C	S	Z
K	R	I	K	Y	N	E	L	S	O	N	L	W

Puzzle 70

CASH
STRAIT
FENDER
ROGERS
RABBITT
CAMPBELL
KRISTOFFERSON

REED
PRIDE
GILLEY
MILSAP
NELSON
ROBBINS
WILLIAMS

RICH
TILLIS
TWITTY
GIBSON
JENNINGS
HAGGARD

Charlie's Angels

X D E T E C T I V E A G E N C Y K R H D A C
G S O C D X B S N X B I S A W W E N G F Q H
B K L I O K S I P I H S R E N T R A P Z C I
J S M E O R N U M L L I J V L T E M C P D R
V B C A G P S R O T A G I T S E V N I D D Y
S W G R R N F P S B O V B T A C J C H F J T
T M W W I T A R V R O P S J R W U H S E N T
S D K D P M I G N O E V T Q E A W H E N H E
O N Y O X E I A N W C O I L M F Y J L O T R
R U A A W H I N L I G U F Q A H H L Y H X R
X O C C E P V L A A N K T F C A P E T P S A
Q W R E N P A M R L R R U D N R S S S R R G
I W D S O U P P Y A S T O E E R Y S R E B Y
S N T O H S D Y S S H T S M D A E E I K J L
X M S P P Y K A T P T C U T D F J S A A I L
L W C S E Y A N N A Z E O W I O J I H E G E
P N H L L G K W M I D O R L H L O U F P U K
G I S E E J N W B F R E O Y L H L G R S G B
G O G G T H L P R W K B M A M E C S R U F A
B X S N D P R O G N N H A I U X H I N S E R
C D D A E E Q T N U T F L S F P I D P Z K X
N V H H R G V N I I A X G O S Q E T M Z Y K

Puzzle 71

BOSLEY
CRIMINALS
PARTNERSHIP
INVESTIGATORS
RED TELEPHONE
FARRAH FAWCETT
GLAMOROUS OUTFITS
MYSTERY
HAIRSTYLES
ANGELS' POSE
MARTIAL ARTS
KELLY GARRETT
HIDDEN CAMERAS
"GOOD MORNING ANGELS !"
DISGUISES
JILL MUNROE
SPEAKERPHONE
"HELLO,CHARLIE !"
SABRINA DUNCAN
DETECTIVE AGENCY

Superman

T	I	U	S	Y	D	O	B	J	T	C	R	T	N	R	L	I
X	P	I	E	T	H	B	V	V	O	V	Y	P	O	E	E	P
V	E	O	H	Y	N	F	R	B	G	V	L	T	I	T	X	H
Y	N	N	Z	T	W	E	D	E	E	P	S	X	S	R	L	A
G	K	O	W	I	G	X	K	S	N	D	J	R	I	O	U	H
L	B	T	L	T	U	N	Z	K	C	T	E	R	V	P	T	K
C	N	P	T	N	Q	I	E	H	R	W	G	D	Y	E	H	O
S	I	Y	G	E	O	X	I	R	O	A	O	E	A	R	O	C
I	E	R	V	D	N	S	N	P	T	J	L	K	R	E	R	R
S	G	K	N	I	E	A	R	E	M	S	W	C	X	N	Z	I
E	C	M	V	L	V	E	L	X	V	U	S	S	Y	A	T	M
M	L	S	E	A	P	J	V	P	G	E	J	P	R	L	L	E
E	S	D	E	U	H	R	A	G	Y	W	E	H	Y	S	T	N
N	O	E	S	D	M	U	S	C	U	L	A	R	J	I	A	A
K	C	N	O	T	S	A	C	R	I	F	I	C	E	O	M	L
H	C	R	Z	F	M	P	S	P	E	C	T	A	C	L	E	S
O	R	M	S	I	O	R	E	H	O	E	R	I	D	T	R	L

Puzzle 72

REEVE
CRIME
HEROISM
CHISELED
MUSCULAR
CLARK KENT
SUPER POWERS

SPEED
KRYPTON
SACRIFICE
STRENGTH
LEX LUTHOR
X-RAY VISION
DUAL IDENTITY

NEMESIS
LOIS LANE
BODYSUIT
REPORTER
SPECTACLES
DAILY PLANET

Movie Villains In The '70s

W	T	W	Z	F	A	M	N	T	N	I	U	Q	E	G	R	H
B	R	K	V	F	G	N	U	S	L	N	P	C	H	G	G	F
D	Y	U	A	H	N	R	V	B	N	U	U	V	A	U	Z	Y
E	R	F	N	A	G	V	U	L	Y	R	T	A	N	I	T	N
L	E	C	R	S	G	S	E	B	B	N	F	H	W	E	V	Q
A	E	H	O	F	R	B	U	C	E	U	M	I	O	M	O	H
R	B	A	H	A	S	E	K	M	M	R	L	K	U	R	T	Z
G	D	B	T	D	R	C	Y	Y	M	S	H	I	K	G	M	E
E	R	H	N	H	N	N	D	M	O	E	W	N	T	F	P	T
W	A	P	E	B	E	A	Q	N	W	R	R	D	E	L	O	O
C	C	C	I	S	C	R	L	U	C	A	W	I	G	Z	S	Y
H	U	O	M	E	I	R	F	A	Y	T	Z	W	S	L	R	P
Z	L	P	A	T	V	O	H	A	J	C	L	E	S	L	R	O
H	A	O	D	A	C	T	N	Q	C	H	P	H	I	B	E	S
H	F	F	V	B	O	K	E	N	O	E	L	R	O	C	D	R
A	J	Z	H	O	H	E	O	W	Q	D	J	P	C	N	A	F
X	X	I	B	R	E	G	N	I	S	N	U	M	W	I	V	X

Puzzle 73

CADY
KURTZ
VADER
LUTHOR
DRACULA
MUNSINGER
DAMIEN THORN
MYERS
BOOTH
PHIBES
WILSON
TORRANCE
SUMMERISLE
NURSE RATCHED
BATES
QUINT
GRUBER
DELARGE
CORLEONE
LEATHERFACE

TV Moms In The '70s

B	J	E	I	T	L	W	E	E	Z	Y	X	T
B	E	T	T	Y	E	L	R	I	H	S	P	Y
F	I	A	V	Q	O	W	O	K	F	K	I	L
E	V	K	P	A	Y	Y	Q	R	F	I	R	D
T	A	A	A	H	E	I	N	N	A	E	J	J
Z	H	O	N	T	F	C	C	N	U	C	T	F
R	M	S	Y	N	M	L	I	G	A	E	G	H
A	Z	Y	R	A	M	J	O	L	I	J	L	T
D	D	L	B	M	M	A	M	R	A	S	O	I
N	O	I	R	A	M	Y	R	S	I	V	R	D
I	B	M	G	S	V	A	L	I	K	D	I	E
L	E	E	Y	Y	H	S	W	L	E	P	A	Y
W	I	L	M	A	C	I	S	S	E	J	M	A

Puzzle 74

ANN
EDITH
BETTY
WILMA
HARRIET
FLORIDA
SAMANTHA

KATE
EMILY
WEEZY
JESSICA
GLORIA
SHIRLEY
ANN MARIE

ALICE
LINDA
CAROL
JEANNIE
MARION
ELLY MAY

Dirty Harry

W	H	S	N	I	P	E	R	Y	A	O	J	X	E	Y	B	Y	Z	N
P	Z	H	D	H	C	U	L	Y	Y	B	P	B	Y	V	K	N	U	Z
T	G	R	I	T	T	Y	T	P	U	R	R	O	C	Q	S	Y	C	U
K	X	F	S	E	R	I	A	L	K	I	L	L	E	R	P	O	W	G
N	G	M	X	A	V	T	S	C	L	G	R	K	D	S	K	Q	H	T
Q	L	A	W	E	N	F	O	R	C	E	M	E	N	T	D	H	X	M
N	S	O	R	R	W	F	L	M	M	C	T	U	T	R	E	I	W	V
R	E	V	O	L	V	E	R	H	R	E	Y	R	K	E	F	J	U	A
M	D	F	C	Q	K	L	Z	A	C	N	W	P	Y	E	I	A	I	O
A	Q	P	I	O	N	Z	N	T	N	T	S	M	Y	T	A	C	K	A
C	R	R	T	Q	P	S	I	A	Y	C	V	T	A	W	N	K	S	F
H	I	V	C	N	O	V	H	L	O	M	I	E	C	I	T	S	U	J
O	M	Y	U	M	E	A	L	R	R	L	B	S	X	S	G	M	Q	F
I	B	N	F	E	L	A	P	J	A	D	I	J	C	E	Z	M	P	Y
A	G	M	L	L	G	I	L	T	T	Y	L	E	O	O	O	A	X	H
X	B	N	A	E	O	Y	U	B	C	M	A	C	F	Z	J	P	L	K
X	G	C	L	T	M	R	V	C	R	E	N	E	G	A	D	E	O	D
R	Y	L	O	B	B	W	H	G	U	O	T	O	D	N	J	T	S	H
X	I	Q	Y	M	T	R	Q	V	L	I	E	U	N	V	Y	G	H	S

Puzzle 75

TOUGH
JUSTICE
RANSOM
REVOLVER
DETECTIVE
BRUTALITY
SERIAL KILLER

GRITTY
MACHO
DEFIANT
CORRUPT
CALLAHAN
STREETWISE
LAW ENFORCEMENT

SNIPER
HIJACKS
SCORPIO
ILLEGALLY
RENEGADE
SAN FRANCISCO

The Godfather

O	Y	O	U	H	B	R	U	T	A	L	A	W	H	L	L	G	B
M	X	X	P	B	R	U	R	L	L	A	R	U	D	K	A	K	T
T	X	U	T	S	A	Y	I	W	Z	L	A	C	T	P	N	F	C
B	L	N	A	F	N	O	I	T	P	U	R	R	O	C	C	H	O
A	M	D	T	N	D	O	T	U	T	X	D	Z	I	N	E	E	M
Z	T	E	G	D	O	E	I	H	G	A	J	L	U	D	S	M	P
Y	W	R	W	H	K	A	O	T	T	W	I	Z	S	E	T	O	E
C	B	B	M	C	V	R	W	H	A	X	N	F	I	K	R	S	L
R	S	E	O	L	I	X	Q	E	Z	C	Z	T	A	Y	A	E	L
I	M	L	O	T	O	M	A	C	J	S	I	T	W	M	L	U	I
M	D	L	Y	P	F	Y	M	O	N	X	R	F	M	Z	A	R	N
I	X	Y	F	V	Z	M	A	R	E	A	V	E	I	D	U	G	G
N	B	J	P	A	C	Z	G	L	G	A	L	A	D	M	P	I	R
A	I	V	X	P	B	F	P	E	T	I	J	D	W	D	A	Y	X
L	B	O	Q	U	V	M	D	O	D	Y	N	Z	W	O	G	R	E
S	P	X	K	V	O	Y	I	N	P	A	C	I	N	O	B	A	A
B	V	E	S	C	C	K	F	E	B	E	T	R	A	Y	A	L	I
E	L	A	G	T	Z	R	Y	S	X	P	N	I	B	Z	P	Z	N

Puzzle 76

MAFIA
BRUTAL
LOYALTY
DILEMMAS
AUTHORITY
COMPELLING
RAMIFICATIONS
DURALL
BRANDO
TRAGEDY
ANCESTRAL
GRUESOME
UNDERBELLY
THE CORLEONES
PACINO
LOCKET
BETRAYAL
CRIMINALS
CORRUPTION
COMPLEXITIES

Country Groups In The '70s

L	W	L	W	O	L	A	J	L	F	E	X	I	L	E	A	P	Q	R	J	G	H
K	T	I	Y	S	W	A	L	T	U	O	E	H	T	B	F	E	D	E	G	S	W
V	H	I	A	C	M	J	G	D	E	X	C	O	D	K	F	I	X	K	O	L	B
W	E	J	B	M	Y	U	A	N	Y	V	B	G	R	H	L	S	W	C	E	L	O
W	H	C	K	W	A	G	T	U	N	I	I	D	T	L	V	R	S	U	U	A	B
Z	A	R	N	L	X	Z	L	V	E	K	A	M	A	H	C	E	N	T	D	D	S
B	G	Z	Z	A	I	N	I	N	H	Z	F	R	Z	N	W	H	A	L	D	N	E
U	E	T	T	P	M	V	N	N	S	D	D	U	J	E	H	T	M	L	D	E	T
W	R	D	C	U	Y	O	B	S	G	S	W	W	Z	D	F	O	E	A	I	K	I
J	S	R	E	H	T	O	R	B	N	R	U	B	L	I	W	R	N	H	A	E	H
S	J	Y	Q	V	G	N	O	M	Q	W	H	L	A	U	M	B	O	S	M	H	W
E	C	F	S	G	J	L	T	E	P	N	O	Y	V	K	N	R	T	R	O	T	N
L	H	W	G	V	B	B	H	G	O	J	O	R	T	Y	L	E	S	A	A	K	I
D	N	A	R	X	H	T	E	F	O	Z	R	V	B	H	Q	L	W	M	E	T	L
O	I	C	A	R	T	E	R	F	A	M	I	L	Y	J	M	T	E	L	G	F	V
M	N	E	W	G	R	A	S	S	R	E	V	I	V	A	L	A	N	H	R	A	L
S	S	V	M	D	C	E	W	O	P	S	L	Z	I	X	E	T	C	X	Y	M	Z
C	W	L	P	H	D	X	V	V	U	T	R	D	S	C	L	S	Y	E	I	Y	P
E	P	S	L	E	I	N	A	D	E	I	L	R	A	H	C	G	Z	H	S	O	E
N	I	Y	P	G	Y	C	B	R	W	Q	P	Y	B	P	R	H	D	W	E	T	C
E	Z	T	C	E	X	Z	S	O	I	R	T	N	O	T	S	G	N	I	K	L	A
L	K	C	O	W	I	S	R	E	E	N	O	I	P	E	H	T	X	G	R	G	D

Puzzle 77

EXILE
DILLARDS
THE HAGERS
SELDOM SCENE
CARTER FAMILY
MARSHALL TUCKER
NEW GRASS REVIVAL

WHITES
THE JUDDS
THE OUTLAWS
THE PIONEERS
GATLIN BROTHERS
STATLER BROTHERS
AMAZING RHYTHM ACES

BROWNS
STONEMANS
THE KENDALLS
KINGSTON TRIO
CHARLIE DANIELS
WILBURN BROTHERS

Video Games In The '70s

E	K	V	T	S	E	M	A	G	N	I	A	R	B	M	Y	C
G	J	Q	H	I	R	E	E	B	R	E	A	K	O	U	T	R
M	U	P	L	G	U	Y	C	O	M	B	A	T	P	Z	E	T
H	B	S	T	W	T	U	D	S	U	E	V	N	O	Y	C	X
H	A	G	G	F	P	A	R	N	N	B	O	Y	O	V	R	R
Z	S	N	R	D	A	L	N	I	U	I	X	R	L	N	P	E
O	K	I	G	T	C	R	H	K	H	O	T	Q	S	N	K	K
V	E	L	B	M	G	C	C	L	L	S	B	T	H	C	S	A
I	T	W	N	H	A	T	H	R	E	H	R	E	A	P	G	E
D	B	O	P	M	L	N	A	D	I	E	V	J	R	Y	N	R
F	A	B	T	T	F	D	K	W	E	A	K	K	K	T	O	B
C	L	O	O	N	G	Q	A	T	I	C	I	V	C	U	P	E
A	L	Q	Q	O	W	Y	R	K	A	U	D	T	A	R	N	D
S	C	Q	Y	H	S	A	N	L	Z	D	G	O	N	E	V	O
I	M	Q	V	J	C	D	B	C	B	R	T	Q	A	A	A	C
N	J	D	Q	E	Z	Q	E	L	N	Q	J	D	C	A	Q	W
O	N	U	R	E	M	O	H	L	O	E	K	M	G	W	F	I

Puzzle 78

PONG
HI-WAY
BOWLING
BREAKOUT
BLACK JACK
BRAIN GAMES
SLOT MACHINE
TANK
CASINO
REBOUND
DESTROYER
POOL SHARK
FLAG CAPTURE
ANTI-AIRCRAFT
COMBAT
HANGMAN
HOME RUN
BASKETBALL
CODEBREAKER
STREET RACER

The Muppet Show

U	G	B	Y	L	L	G	O	Y	P	W	L	M	H	O	S	T	M
E	Q	X	Y	F	L	B	Z	I	B	F	R	O	D	L	A	W	R
Z	S	K	K	H	K	S	N	V	D	G	Y	G	C	M	G	H	L
M	N	U	Z	L	F	Y	O	K	A	R	A	T	E	C	H	O	P
X	E	G	D	O	P	E	G	D	O	H	C	Q	L	O	T	S	N
Y	W	U	E	U	E	W	H	G	C	Y	C	N	E	M	M	L	O
P	S	S	G	L	E	W	J	C	I	R	N	R	B	E	E	Z	I
E	F	A	H	U	X	D	O	I	H	P	E	N	R	N	W	M	T
L	L	S	Z	F	P	I	W	E	M	S	S	L	I	I	A	Y	I
V	A	T	R	Y	U	S	I	A	G	H	I	S	T	G	T	P	S
Z	S	Z	O	A	P	C	P	U	K	A	E	D	I	A	E	G	O
E	H	L	K	L	P	R	O	N	H	K	T	N	E	M	T	I	P
Y	X	B	M	P	E	L	A	R	O	R	A	S	S	W	J	S	A
K	E	R	M	I	T	X	G	N	Z	T	W	W	K	O	S	T	T
E	P	E	N	P	R	G	E	T	I	C	M	A	A	C	N	O	X
E	P	E	W	B	Y	J	S	V	F	M	T	F	D	K	A	Z	U
H	P	S	K	V	F	B	E	U	V	E	A	V	X	S	K	B	J
C	E	B	B	K	M	O	A	O	B	B	L	L	X	T	U	A	T

Puzzle 79

HOST
ANIMAL
WALDORF
BACKSTAGE
CELEBRITIES
NEWS FLASH
SWEDISH CHEF

GONZO
PLAYFUL
PUPPETRY
MISS PIGGY
HODGEPODGE
JUXTAPOSITION
"WAKKA WAKKA !"

KERMIT
CHEEKY
STATLER
JIM HENSON
IMAGINATIVE
KARATE CHOP

Close Encounters Of The Third Kind

W	N	J	L	I	N	T	R	L	A	C	I	T	S	Y	M	S
H	X	W	B	V	Q	D	E	I	C	N	U	M	E	Y	G	P
B	L	W	D	A	P	X	W	X	P	H	B	L	M	H	U	A
X	N	O	I	T	A	R	O	L	P	X	E	P	T	W	N	C
P	O	N	S	S	R	M	T	C	O	C	J	N	Q	S	E	E
R	I	D	C	U	I	U	S	I	T	F	R	I	Z	U	X	S
J	T	E	O	V	X	S	L	R	H	M	O	N	E	O	P	H
E	C	R	V	W	J	I	I	C	S	V	Y	T	S	I	L	I
R	U	M	E	D	N	C	V	X	P	H	N	R	K	R	A	P
T	D	E	R	O	I	A	E	O	E	J	E	I	N	E	I	O
B	B	N	Y	A	Z	L	D	E	G	S	A	G	T	T	N	Z
H	A	T	N	Z	F	T	F	Z	M	J	R	U	C	S	E	O
O	T	H	E	R	W	O	R	L	D	L	Y	E	B	Y	D	Y
D	X	F	P	H	E	N	O	M	E	N	A	L	V	M	O	V
P	W	N	S	C	I	E	N	T	I	S	T	D	V	I	T	X
I	G	O	E	L	O	S	P	I	E	L	B	E	R	G	N	F
D	Q	O	J	G	O	V	E	R	N	M	E	N	T	O	Q	U

Puzzle 80

MUNCIE
MYSTICAL
DISCOVERY
ROY NEARY
EXPLORATION
PHENOMENAL
OTHERWORLDLY
INTRIGUE
SCIENTIST
SPIELBERG
MYSTERIOUS
UNEXPLAINED
WONDERMENT
MUSICAL TONES
UNIVERSE
SPACESHIP
ABDUCTION
ELECTRICIAN
GOVERNMENT
DEVIL'S TOWER

Country Songs In The '70s

J	T	E	D	B	Y	Q	U	T	S	K	X	I	N	P	E	O	E	N	D	W	M	M
R	A	E	C	E	R	O	O	E	O	O	C	P	L	K	Y	L	P	V	P	E	P	E
R	G	M	O	H	P	X	C	N	R	G	G	B	Y	G	Z	Y	V	T	W	W	O	J
E	C	C	A	E	W	O	H	N	G	Y	N	O	O	S	D	Y	I	I	N	J	A	P
T	C	Y	O	B	W	O	C	E	N	O	T	S	E	N	I	H	R	H	R	M	M	A
H	N	G	M	B	A	Q	K	S	L	N	F	E	Z	L	V	P	T	B	A	A	I	P
G	U	U	J	G	N	L	T	S	P	L	W	X	X	J	O	L	E	N	E	C	A	E
U	U	O	O	T	J	T	A	E	Z	K	O	M	N	S	R	S	D	F	A	R	Z	R
A	V	I	A	Q	I	R	M	E	N	Q	N	D	D	U	C	A	Y	N	R	R	K	R
D	T	W	T	A	G	T	I	R	M	P	H	A	A	O	E	R	H	X	T	T	L	O
S	H	J	Z	A	X	M	E	I	U	O	O	H	L	R	O	E	A	N	E	H	P	S
R	E	I	P	T	R	W	A	V	S	R	H	M	Y	T	L	S	J	Z	P	Z	L	E
E	G	P	G	B	Z	S	M	E	Y	H	X	T	S	P	P	I	X	F	Y	I	E	S
N	A	Q	T	B	M	T	C	R	H	K	V	E	E	W	B	M	N	U	N	T	Z	Q
I	M	B	K	C	L	U	T	A	P	U	V	B	N	E	O	R	Y	S	N	Z	O	V
M	B	K	Y	B	C	N	Q	S	D	O	B	E	Z	O	W	G	D	U	A	X	W	O
L	L	L	J	Y	U	B	A	S	L	I	B	V	A	R	Q	S	T	I	N	H	S	K
A	E	J	Q	O	N	A	M	E	N	I	L	A	T	I	H	C	I	W	S	E	W	G
O	R	S	C	V	A	U	M	N	B	R	X	L	E	O	U	M	O	A	S	V	W	O
C	N	Y	B	S	T	E	E	H	S	N	I	T	A	S	J	X	X	O	U	S	R	T
J	A	N	E	D	R	A	G	E	S	O	R	V	S	C	O	I	T	X	N	B	I	L
I	C	K	T	J	P	J	Y	G	G	Z	P	E	X	U	S	F	N	V	M	W	I	T
U	B	H	B	C	D	Q	R	N	O	P	P	O	M	U	L	R	Y	X	D	H	N	G

Puzzle 81

AMIE
ELVIRA
LOVE STORY
SATIN SHEETS
ROSE GARDEN
WICHITA LINEMAN
SWEET HOME ALABAMA

CRAZY
AMANDA
I CAN HELP
PAPER ROSES
COUNTRY ROADS
RHINESTONE COWBOY
COAL MINER'S DAUGHTER

JOLENE
DIVORCE
THE GAMBLER
HELLO DARLIN'
TENNESSEE RIVER
GUITARS, CADILLACS

Authors In The '70s

A	B	E	H	Y	L	R	P	I	M	P	F	B	D
T	T	S	D	X	A	C	L	U	D	L	U	M	B
E	I	T	Z	H	G	H	A	U	R	I	C	E	B
A	B	E	A	R	T	R	D	E	G	F	L	R	R
S	L	I	N	F	X	I	A	W	N	M	A	Z	E
I	U	N	G	O	A	S	M	P	E	D	N	W	N
M	M	B	E	L	S	T	S	S	B	I	C	C	E
O	E	E	L	L	E	I	U	U	H	J	Y	R	H
V	U	C	O	E	I	E	R	G	M	G	K	I	C
C	S	K	U	T	K	Y	T	R	E	Z	I	C	I
H	M	K	V	T	E	R	L	S	O	N	E	H	M
M	N	Q	G	J	C	K	A	W	N	M	N	T	P
Y	N	O	D	L	E	H	S	L	V	H	O	O	T
C	S	N	O	Z	U	P	K	V	C	J	S	N	V

Puzzle 82

PUZO
STEEL
CLANCY
FOLLETT
CHRISTIE
CRICHTON
STEINBECK

RICE
ADAMS
LUDLUM
SHELDON
MICHENER
VONNEGUT
HIGHSMITH

BLUME
CLARKE
ASIMOV
ANGELOU
MORRISON
BRADBURY

Happy Days

S	P	J	S	N	O	V	Z	S	O	C	K	H	O	P	M	C	F	P
G	K	M	C	T	O	D	N	U	M	A	T	C	A	X	E	Z	S	W
C	L	D	M	F	R	G	E	I	M	M	D	O	Q	Y	I	N	I	R
M	N	V	A	O	G	I	A	N	R	I	C	H	I	E	Z	J	W	M
H	D	F	H	R	T	S	K	W	D	Q	B	J	Y	R	N	U	M	F
I	A	X	G	R	N	O	Q	S	N	H	P	L	A	R	O	K	T	A
O	X	M	N	E	D	O	R	Q	E	O	U	U	A	F	F	E	V	N
S	R	Y	I	S	E	Y	L	C	U	L	I	K	A	A	K	B	M	L
P	B	T	N	N	T	M	A	D	Y	W	D	T	V	C	Q	O	I	R
A	Z	H	N	X	R	I	O	E	S	C	Y	O	A	P	K	X	L	D
B	F	L	U	B	A	L	S	C	F	D	L	J	O	T	N	M	K	W
Q	Y	C	C	P	E	W	B	I	E	B	R	E	F	P	S	N	S	X
Y	J	J	L	L	H	A	I	H	T	E	B	I	R	O	L	P	H	H
R	Z	L	L	S	T	U	L	I	H	O	Y	K	V	D	C	R	A	S
G	B	P	N	Z	H	K	Q	T	P	V	N	G	E	E	B	Q	K	M
E	Q	I	L	K	G	E	A	K	K	N	F	I	E	P	I	E	E	P
P	A	I	E	D	I	E	K	E	S	E	I	S	T	O	P	N	H	G
M	D	F	R	N	L	V	P	A	B	J	K	J	V	U	Y	G	I	U
U	L	B	Q	T	G	S	R	E	G	A	N	E	E	T	P	H	V	C

Puzzle 83

"AAAY !"
POTSIE
SOCK HOP
MILKSHAKE
CUNNINGHAM
LIGHTHEARTED
LEATHER JACKET
RALPH
RICHIE
LORI BETH
MILWAUKEE
MOTORCYCLE
POODLE SKIRTS
ARNOLD'S DRIVE-IN
FONZIE
JUKEBOX
"SIT ON IT !"
TEENAGERS
"EXACTAMUNDO !"
STATION WAGON

Escape From Alcatraz

F	Y	I	L	X	T	N	E	M	E	N	I	F	N	O	C	W	N	M	U
U	X	U	N	O	F	K	B	H	W	N	I	V	Z	E	H	N	S	C	W
G	S	V	T	A	W	O	M	P	X	Q	B	J	S	Z	J	P	Q	J	W
I	N	H	Y	H	S	P	M	F	R	F	Y	U	T	B	V	R	D	U	E
T	F	R	A	N	K	M	O	R	R	I	S	Y	C	C	I	D	N	A	Y
I	E	E	P	S	U	W	D	U	P	A	S	Z	I	P	O	E	A	A	Q
V	A	K	A	B	F	E	E	T	P	G	W	O	V	I	K	C	L	H	B
E	Y	F	P	A	N	G	E	L	I	S	L	A	N	D	E	O	S	C	S
S	Z	K	E	D	J	O	R	A	K	S	S	T	O	G	R	Y	I	F	U
Y	U	P	R	J	P	T	F	Q	U	R	E	R	C	I	U	S	Z	L	S
E	R	J	M	N	V	N	F	W	E	N	R	L	S	M	N	A	A	G	P
I	T	S	A	B	E	K	E	P	S	N	G	O	B	L	Q	A	R	A	E
S	S	E	C	L	W	Y	P	E	E	Z	F	B	S	B	J	M	T	D	N
O	L	P	H	Y	T	I	R	U	C	E	S	M	U	M	I	X	A	M	S
L	E	I	E	C	L	A	U	S	T	R	O	P	H	O	B	I	C	O	E
A	Z	F	S	C	Z	P	M	J	N	U	E	N	L	M	N	R	L	W	F
T	F	T	L	A	V	I	V	R	U	S	E	T	A	M	N	I	A	I	U
I	Z	I	N	A	L	P	E	P	A	C	S	E	Q	A	J	Y	Q	B	L
O	A	Q	B	Q	B	G	Q	W	G	T	K	V	H	G	C	N	L	K	P
N	D	Q	N	W	E	J	S	B	A	R	B	E	D	W	I	R	E	F	I

Puzzle 84

DECOY
INMATES
ISOLATION
ESCAPE PLAN
PAPER MACHE
NAIL CLIPPERS
ALCATRAZ ISLAND

INTENSE
SURVIVAL
FUGITIVES
SUSPENSEFUL
FRANK MORRIS
PRISON GUARDS
MAXIMUM SECURITY

FREEDOM
CONVICTS
BARBED WIRE
CONFINEMENT
ANGEL ISLAND
CLAUSTROPHOBIC

Christmas In The '70s

J	F	Q	G	K	A	C	W	L	L	P	P	K	S	J	F	H	N	E	R	F
R	J	J	B	L	B	T	D	L	N	P	N	A	N	L	K	K	Q	K	I	R
A	I	G	D	R	J	Y	Q	A	D	M	H	F	M	C	E	A	R	A	X	R
E	C	I	V	R	E	S	H	C	R	U	H	C	O	G	T	S	M	C	Q	W
P	V	P	B	U	H	S	H	I	N	Y	O	R	N	A	M	E	N	T	S	E
V	D	I	A	E	C	T	G	J	U	X	L	I	T	D	V	G	M	I	A	T
I	G	N	A	Z	K	G	F	L	M	L	K	Z	W	U	V	F	Y	U	T	S
W	J	E	L	U	A	O	E	K	E	C	H	V	F	E	H	G	P	R	Q	Q
J	A	C	X	N	N	L	F	B	O	G	V	C	L	R	E	R	S	F	T	I
W	T	O	P	D	O	F	E	T	B	U	D	A	D	B	L	P	R	X	V	F
C	O	N	U	G	D	L	S	E	K	A	L	F	W	O	N	S	O	Z	O	V
O	T	E	S	Q	G	H	G	D	A	L	A	S	N	I	T	A	L	E	G	W
A	Y	S	U	N	S	T	N	E	M	A	N	R	O	Y	L	I	O	D	W	V
T	E	B	I	E	P	D	T	Q	U	F	Y	M	P	A	Y	R	C	W	I	M
E	B	J	M	K	Q	D	N	A	L	R	A	G	A	J	Y	W	T	T	S	J
D	V	D	S	D	A	D	I	V	A	N	Z	I	L	E	F	Y	N	G	H	I
F	E	A	U	E	J	X	O	M	S	L	F	K	R	H	J	N	A	K	B	P
R	O	C	E	D	N	W	A	L	C	I	T	S	A	L	P	R	R	W	O	E
U	R	D	R	O	N	O	G	A	W	D	E	R	E	D	R	I	B	B	O	N
I	G	L	F	K	U	X	E	U	U	B	C	N	U	G	D	Q	I	T	K	U
T	S	R	U	A	W	V	S	S	O	M	L	R	X	R	X	R	V	E	V	J

Puzzle 85

FONDUE
YULE LOGS
FRUIT CAKE
RED RIBBON
"FELIZ NAVIDAD"
SHINY ORNAMENTS
RED MESH STOCKING

TINSEL
PINE CONES
RED WAGON
COATED FRUIT
VIBRANT COLORS
DOILY ORNAMENTS
PLASTIC LAWN DECOR

GARLAND
WISH BOOK
SNOWFLAKES
GELATIN SALAD
CHURCH SERVICE
"JINGLE BELL ROCK"

TV Dads In The '70s

G	G	J	I	M	D	W	W	M	L	P	D
X	K	E	G	R	O	E	G	A	F	B	O
L	H	E	S	Q	V	T	T	R	R	P	Y
T	M	I	K	E	C	D	A	K	E	D	Y
H	G	H	F	A	L	N	D	B	D	G	C
E	Q	C	P	S	K	R	R	R	O	J	P
R	X	R	X	S	E	M	A	J	R	V	B
B	A	A	J	R	G	M	W	H	Y	U	P
Q	O	Z	W	L	N	H	O	J	C	P	L
B	B	A	R	N	E	Y	H	K	D	N	T
I	N	V	U	O	L	S	H	M	E	Y	O
E	E	V	G	P	N	J	N	B	Q	P	R

Puzzle 86

JR
TED
FRED
HERB
WARD
ARCHIE
GEORGE

BEN
TOM
MIKE
BUCK
JAMES
CHARLES
HOWARD

JIM
LOU
JOHN
MARK
FRANK
BARNEY

Gunsmoke

C	K	U	S	M	A	R	S	H	A	L	L	C	F	F	F	P	G
F	F	Q	N	C	H	E	S	C	G	C	P	K	T	G	X	H	P
S	Z	X	K	C	B	D	J	V	Z	D	X	K	G	O	C	X	Y
H	U	Y	T	I	C	E	G	D	O	D	S	C	V	O	G	D	S
O	Y	B	E	A	W	M	M	O	U	T	L	A	W	S	O	N	B
W	Y	W	S	F	U	P	A	F	A	Z	N	B	L	M	W	R	A
D	M	Y	D	I	W	T	N	N	W	V	O	E	O	O	E	M	N
O	Q	I	U	J	A	I	H	C	S	Y	O	S	T	V	S	N	D
W	C	M	S	F	R	O	U	O	S	R	Y	R	S	O	H	K	I
N	K	G	T	S	D	N	N	S	R	B	E	O	I	K	U	L	T
N	M	X	Y	A	K	S	T	G	R	I	A	H	P	R	T	Q	S
X	V	U	T	M	C	I	M	V	T	E	T	G	C	Y	P	E	E
I	V	J	R	N	I	S	T	N	R	G	L	A	Y	N	U	G	W
K	T	H	A	T	U	U	O	T	Q	U	Z	T	T	D	A	J	D
T	X	U	I	M	Q	R	W	I	Y	N	G	P	T	I	K	R	L
P	P	D	L	H	F	N	O	O	L	A	S	L	O	E	V	I	I
L	M	L	S	H	O	O	T	O	U	T	S	D	R	H	S	E	W
F	V	T	B	T	X	L	B	J	E	F	H	H	G	I	J	J	S

Puzzle 87

SALOON
BANDITS
SETTLERS
COWBOYS
WILD WEST
SHOWDOWN
AUTHORITATIVE

MANHUNT
MISS KITTY
HORSEBACK
SHOOTOUTS
REDEMPTION
US MARSHALL
FRONTIER TOWN

PISTOL
OUTLAWS
RANCHERS
QUICKDRAW
DODGE CITY
DUSTY TRAILS

The Way We Were

Q	X	P	O	Y	Z	D	Y	V	O	H	N	Q	B	F	T	F	M
F	Y	R	E	C	O	N	C	I	L	E	G	M	P	L	M	G	A
S	L	D	A	I	G	L	A	T	S	O	N	W	S	K	K	Y	C
N	T	A	I	K	W	P	L	Y	F	U	I	E	T	K	S	A	T
D	E	Y	S	F	J	N	A	R	G	X	Z	N	R	Z	N	D	I
O	F	K	L	H	F	W	E	I	G	M	I	M	E	O	O	E	V
O	R	Z	O	I	B	E	A	J	E	L	D	C	I	K	I	G	I
W	O	S	H	P	S	A	R	H	R	H	R	T	S	L	T	E	S
Y	M	G	R	P	S	H	C	E	S	X	A	B	A	O	C	L	M
L	A	E	E	Q	F	T	S	K	N	T	P	M	N	E	E	I	Z
L	N	E	B	X	S	O	U	S	S	C	O	F	D	R	F	V	W
O	C	W	O	Q	N	K	B	O	H	L	E	W	A	Y	R	I	L
H	E	I	E	A	I	B	I	L	M	I	J	S	I	W	E	R	O
X	F	V	T	Q	F	D	P	S	G	Y	W	C	R	B	P	P	E
M	S	I	E	K	A	E	R	B	T	R	A	E	H	U	M	C	Z
U	N	E	E	R	G	R	E	V	E	W	S	N	M	T	I	D	A
G	M	Q	A	L	I	A	I	S	O	N	I	F	Q	X	B	L	O
A	D	R	O	F	D	E	R	B	H	E	F	U	Z	L	D	K	N

Puzzle 88

STYLISH
LIAISON
STREISAND
PRIVILEGED
DIFFERENCES
HOLLYWOOD
RADIO STATION

ACTIVISM
ROMANCE
RECONCILE
NOSTALGIA
RESONATING
FREE SPEECH
IMPERFECTIONS

REDFORD
EVERGREEN
OUTSPOKEN
HEARTBREAK
FLASHBACKS
JEOPARDIZING

Vehicles In The '70s

Z	X	B	U	N	I	L	E	V	A	J	T	S	M	O	Q
L	D	O	C	J	Y	S	C	B	S	F	B	O	K	H	V
D	V	I	Q	M	J	Z	O	H	T	U	E	C	D	B	U
O	T	I	M	N	S	O	Z	R	A	U	I	W	Z	F	N
R	T	I	H	P	R	K	A	W	C	R	L	V	O	B	V
X	J	V	T	V	A	N	X	A	E	K	G	N	E	H	K
R	X	V	U	W	S	L	C	V	S	C	U	E	S	Q	C
O	I	N	O	A	D	C	A	L	Z	F	T	O	R	H	I
C	R	I	M	L	J	M	A	I	Q	L	T	F	R	K	U
N	P	L	Y	D	K	E	Z	D	E	N	Y	Y	N	L	B
O	D	M	L	X	P	S	E	T	I	K	S	N	G	A	K
R	N	E	P	Q	W	Q	W	P	I	L	B	D	W	Z	H
B	A	R	R	A	C	U	D	A	E	Z	L	I	B	W	W
U	R	G	P	A	E	P	X	R	G	H	X	A	Y	H	R
Y	G	X	X	F	L	D	M	A	V	E	R	I	C	K	K
C	F	J	R	E	S	I	U	R	C	D	N	A	L	K	I

Puzzle 89

JEEP
JIMMY
IMPALA
JAVELIN
CADILLAC
MAVERICK
GRAND PRIX

PINTO
BRONCO
CHARGER
MAVERICK
TRANS AM
BARRACUDA
LAND CRUISER

BUICK
BEETLE
GREMLIN
CHRYSLER
PLYMOUTH
VOLKSWAGEN

Gadgets In The '70s

R	I	R	E	T	O	R	W	E	G	Y	T	Z	N	V	B	R	C	H	B	W	N	N
E	E	Q	F	D	Q	O	A	K	A	R	E	M	A	C	M	L	I	F	A	H	V	Y
Y	A	M	Q	V	B	T	L	S	I	R	B	I	P	Q	L	E	X	A	N	Y	T	E
A	S	W	O	W	H	A	K	A	C	V	S	K	B	E	F	L	F	Z	O	U	C	N
L	R	W	C	T	O	L	M	Y	W	S	D	B	P	S	O	E	L	Y	X	B	P	I
P	D	R	I	N	E	U	A	T	B	Z	O	S	I	H	U	C	U	D	R	E	F	H
K	V	I	T	S	M	C	N	R	V	E	D	D	W	N	T	T	J	A	F	Y	O	C
C	V	Q	C	L	S	L	O	Z	G	N	D	K	Z	Q	G	R	D	Q	T	I	S	A
A	I	Y	E	T	G	A	J	N	A	Y	O	N	W	I	W	I	N	M	D	E	U	M
R	E	R	F	J	A	C	R	K	T	V	F	X	Y	F	O	C	J	A	I	L	N	G
T	W	W	C	H	S	T	A	M	H	R	J	D	E	A	L	O	R	G	G	E	X	N
T	M	K	F	F	U	E	I	M	Y	G	O	N	Q	S	U	R	Q	N	I	C	A	I
H	A	Y	S	T	P	K	K	O	F	K	F	L	O	U	O	G	G	A	T	T	V	R
G	S	O	Q	S	A	C	X	R	N	M	N	H	C	T	T	A	D	V	A	R	Y	E
I	T	E	O	B	R	O	V	N	V	M	X	I	S	A	T	N	L	O	L	O	N	W
E	E	C	U	E	F	P	K	Y	I	F	A	I	F	D	R	I	H	X	W	C	I	S
I	R	H	H	C	S	U	M	I	R	K	S	C	Z	E	M	Z	F	O	A	S	Z	N
K	T	B	R	Y	G	K	Z	F	H	N	N	T	H	W	L	E	P	D	T	H	X	A
E	N	I	H	C	A	M	L	L	A	B	N	I	P	I	R	R	L	Y	C	U	Q	O
R	E	V	A	H	S	C	I	R	T	C	E	L	E	V	N	S	W	S	H	V	D	J
Y	O	I	U	S	L	O	T	A	U	M	R	E	O	E	S	E	L	S	D	E	D	H
W	O	A	E	T	P	E	T	C	H	A	S	K	E	T	C	H	S	E	F	R	P	H
C	A	K	S	M	A	L	L	P	O	R	T	A	B	L	E	T	V	Y	J	V	M	J

Puzzle 90

VRC
FILM CAMERA
ETCH-A-SKETCH
SPEAK AND SPELL
TRANSISTOR RADIO
SMALL PORTABLE TV
DICTATION MACHINES
WALKMAN
VIEW MASTER
ELECTRIC SHAVER
MAGNAVOX ODYSSEY
ANSWERING MACHINE
ELECTRIC ORGANIZERS
REMOTE CONTROL CAR
CB RADIO
DIGITAL WATCH
PINBALL MACHINE
SWISS ARMY KNIFE
EIGHT-TRACK PLAYER
POCKET CALCULATOR

Kids Movies In The '70s

S	G	X	Q	A	E	C	X	O	Q	S	H	A	G	G	Y	D	A	S
N	S	H	B	X	S	R	E	U	C	S	E	R	T	T	D	J	A	D
O	P	L	J	U	N	G	L	E	B	O	O	K	X	N	V	H	S	L
O	F	N	E	M	G	D	B	U	Z	S	M	Q	P	P	S	R	B	L
P	A	C	D	G	Z	S	Q	E	T	B	U	D	R	C	Y	V	B	W
Y	T	A	G	H	U	A	Y	A	N	E	C	R	Z	L	Y	L	E	A
C	R	B	X	G	O	D	C	M	Q	J	E	I	N	A	Y	M	W	T
O	E	S	M	M	L	O	N	F	A	T	I	Q	E	S	S	B	S	E
M	G	L	M	X	T	R	P	R	A	L	V	N	O	T	M	G	E	R
E	B	Z	Z	S	L	O	Y	E	P	X	O	D	H	U	A	X	T	S
H	A	A	I	F	P	B	T	A	H	C	M	N	S	N	L	U	T	H
O	R	R	L	W	X	I	Q	K	I	T	T	V	E	I	L	Y	O	I
M	A	V	F	C	U	N	Y	Y	L	T	E	I	L	C	O	I	L	P
E	X	W	J	C	U	H	Q	F	L	X	P	I	D	O	N	T	R	D
Z	V	M	S	O	M	O	W	R	S	T	P	W	N	R	E	D	A	O
V	O	I	H	C	C	O	N	I	P	P	U	C	A	N	S	F	H	W
D	B	Z	Y	P	A	D	J	D	H	P	M	S	C	E	I	P	C	N
K	P	E	T	E	S	D	R	A	G	O	N	M	E	O	I	W	Y	E
J	A	N	B	N	I	K	P	Y	H	Q	A	B	M	G	A	O	D	K

Puzzle 91

GUS
SMALL ONE
ROBIN HOOD
JUNGLE BOOK
BISCUIT EATER
BUGSY MALONE
WINNIE THE POOH
BENJI
PINOCCHIO
ARISTOCATS
LAST UNICORN
PETE'S DRAGON
WATERSHIP DOWN
SNOOPY, COME HOME
RESCUERS
SHAGGY DA
CANDLESHOE
FREAKY FRIDAY
MUPPET MOVIE
CHARLOTTE'S WEB

American Graffiti

S	S	U	F	Y	E	R	D	N	O	F	N	D	F	T	G	Y	N	B
R	E	B	E	L	L	I	O	N	M	I	M	Z	Y	I	G	L	A	Q
U	X	K	N	J	S	M	H	O	W	A	R	D	M	H	V	T	U	L
Z	D	R	O	W	N	J	E	R	R	O	L	M	U	T	O	D	T	Y
I	V	T	I	U	L	T	F	I	F	G	T	T	S	R	Q	J	A	L
A	T	E	T	A	G	I	V	A	N	R	B	E	S	R	N	H	P	H
S	E	U	C	E	O	L	L	S	K	Y	S	P	M	H	V	K	Q	J
L	W	T	E	O	E	D	T	B	V	R	Z	P	Q	O	O	D	R	F
O	U	P	L	W	X	W	B	H	E	N	A	Y	Q	D	H	P	R	M
A	R	W	F	N	O	I	S	S	E	R	P	X	E	F	L	E	S	V
I	R	R	E	V	R	Y	I	R	A	T	Y	P	A	G	A	V	H	T
G	B	C	R	E	T	U	D	D	E	H	O	H	S	D	G	Y	M	W
L	Q	Q	M	L	R	Y	I	E	S	T	U	A	O	C	R	L	K	B
A	O	M	F	C	L	S	M	B	U	G	T	M	D	B	A	N	Q	G
T	U	Q	R	K	E	I	X	C	D	T	H	I	P	P	D	W	P	Q
S	K	Q	Q	R	H	G	N	I	G	N	I	R	B	P	U	Z	B	G
O	R	C	O	L	L	E	G	E	M	U	G	K	K	G	A	Z	D	T
N	A	A	K	O	J	X	R	A	C	I	N	G	Z	K	T	L	O	D
D	D	U	G	G	K	A	Y	A	Z	T	R	K	Y	H	E	P	S	U

Puzzle 92

YOUTH
RACING
THE TOAD
GRADUATE
REBELLION
UPBRINGING
PARADISE ROAD

NERDY
SUMMER
CRUISERS
NOSTALGIA
REFLECTION
HOMETOWN
SELF-EXPRESSION

HOWARD
COLLEGE
NAVIGATE
DREYFUSS
MALT SHOPS
BITTERSWEET

Soundtrack Songs In The '70s

N	Q	P	F	W	Q	G	G	J	Y	K	S	E	U	L	B	R	M	G	I	M	M
R	R	C	S	U	P	E	R	F	L	Y	O	U	R	E	S	O	V	A	I	N	P
G	T	M	Y	S	W	E	E	T	L	O	R	D	P	B	L	C	H	N	F	P	G
R	J	Q	A	E	O	F	V	V	D	A	R	N	S	X	K	K	F	L	V	G	K
W	R	S	D	A	O	R	Y	R	T	N	U	O	C	I	L	Y	I	K	W	G	A
S	Z	A	S	T	A	R	W	A	R	S	T	H	E	M	E	M	P	R	L	K	L
T	U	S	I	I	S	M	S	R	P	M	I	K	T	A	T	O	W	E	K	S	I
A	H	T	N	N	G	O	U	B	E	Y	U	W	I	G	I	U	N	A	L	R	A
Y	B	E	K	P	B	X	C	C	M	B	S	P	N	I	T	N	U	Q	P	U	Z
I	Q	U	C	R	P	O	E	B	Z	X	R	Q	Y	N	B	T	F	J	O	T	L
N	T	V	O	O	R	M	W	D	A	O	U	R	D	E	E	A	I	Q	V	R	L
A	U	H	R	K	N	S	L	C	A	I	P	Z	A	Y	D	I	D	Q	D	S	D
L	D	M	E	F	G	V	R	C	O	L	L	J	N	R	G	N	J	J	H	M	V
I	S	Q	L	E	M	D	E	F	Y	N	A	Y	C	L	R	W	A	F	O	U	O
V	S	N	I	O	N	F	E	R	O	W	N	M	E	J	B	A	U	Q	Q	R	P
E	H	A	D	Z	P	D	W	H	S	T	R	E	R	M	T	Y	X	N	P	S	C
Y	L	P	O	J	I	J	C	T	U	A	U	S	C	A	Z	K	F	Q	U	V	Z
P	V	G	C	K	P	M	H	H	U	X	T	M	F	T	M	N	Q	Z	V	A	R
V	A	G	O	I	I	E	O	B	F	Q	C	I	O	Y	I	Y	Y	L	T	A	I
Z	U	Z	R	K	M	W	E	I	E	G	O	Y	O	P	H	O	D	G	U	P	L
R	N	C	C	E	S	A	E	R	G	M	N	O	D	N	B	S	N	A	D	S	O
E	Q	M	N	D	Q	A	L	Y	A	L	G	D	Q	J	B	Z	W	Z	L	T	G

Puzzle 93

LAYLA
THE END
JAWS THEME
STAYIN' ALIVE
COUNTRY ROADS
STAR WARS THEME
ROCKY MOUNTAIN WAY
GREASE
SUPERFLY
TINY DANCER
MY SWEET LORD
CROCODILE ROCK
THE CONVERSATION
RAINBOW CONNECTION
IMAGINE
LET IT BE
MR.BLUE SKY
YOU'RE SO VAIN
LADY MARMALADE
NOCTURNAL PURSUIT

Household Items Found In The '70s

E	E	C	A	L	P	E	R	I	F	E	G	R	A	L	S	D	L	Z
N	S	M	F	I	K	F	P	L	E	S	Y	S	G	M	L	Z	O	J
O	T	U	P	P	E	R	W	A	R	E	Z	V	U	F	V	R	L	D
H	H	E	R	E	X	P	O	S	E	D	B	R	I	C	K	W	I	B
P	G	L	K	E	K	M	F	O	N	D	U	E	P	O	T	B	V	D
Y	I	O	G	N	P	S	X	G	O	X	M	L	J	E	H	H	E	I
R	L	N	T	H	A	A	M	U	H	V	Z	L	X	B	O	A	G	E
A	E	I	G	E	Z	L	P	F	P	J	D	T	F	F	M	R	R	M
T	B	L	M	N	Y	E	B	L	E	E	U	A	P	N	E	V	E	A
O	O	T	Q	H	W	A	Y	T	L	R	F	J	Z	Q	S	E	E	R
R	L	O	O	C	H	R	O	M	E	A	C	C	E	N	T	S	N	C
T	G	Z	R	T	E	V	W	D	T	H	W	R	H	X	E	T	N	A
S	O	F	E	T	C	I	W	E	L	T	C	Y	X	B	R	G	I	M
H	D	R	T	Y	L	A	Z	Q	L	J	L	O	K	I	E	O	P	C
H	L	O	D	D	L	P	J	V	A	M	H	U	R	N	O	L	T	J
H	P	P	G	L	W	L	J	P	W	X	G	E	C	C	U	D	F	E
E	O	S	S	H	T	O	L	C	E	L	B	A	T	H	Y	F	Z	E
A	T	V	C	A	B	I	N	E	T	P	Q	P	B	P	J	E	Y	S
W	R	H	Y	A	L	A	R	M	C	L	O	C	K	W	T	Q	A	Y

Puzzle 94

POTTERY
OLIVE GREEN
TUPPERWARE
GLOBE LIGHTS
HARVEST GOLD
CHROME ACCENTS
LARGE FIREPLACE
MACRAME
TV CABINET
ALARM CLOCK
EXPOSED BRICK
ROTARY PHONE
WALL TELEPHONE
CROCHET BLANKET
LINOLEUM
FONDUE POT
HOME STEREO
TABLE CLOTHS
TEXTURED WALLS
FUNKY WALLPAPER

Barney Miller

I	Z	P	D	M	C	A	F	U	V	E	H	W	W	J	C	Z
T	D	R	Y	H	U	M	O	R	X	K	W	N	B	B	N	R
K	L	K	E	A	O	M	H	R	Q	D	G	F	Q	A	O	Z
X	D	C	L	E	V	E	R	H	I	N	W	I	I	Z	I	Z
M	M	F	R	J	W	L	S	E	I	G	E	T	A	R	T	S
P	Q	A	S	U	T	I	Y	K	K	K	E	X	N	F	U	L
P	K	B	P	R	F	D	O	R	O	L	L	C	A	L	L	M
B	F	S	U	I	E	O	Q	Y	J	N	Z	H	L	C	O	U
J	T	U	F	S	B	T	D	A	T	E	P	F	Z	Y	S	I
R	C	R	B	D	T	S	R	E	T	N	U	O	C	N	E	N
W	N	D	W	I	O	L	T	A	T	A	U	P	Y	I	R	O
B	I	P	X	C	W	B	I	C	U	E	V	T	G	C	W	Y
L	C	A	P	T	A	I	N	N	E	Q	C	M	X	A	Z	H
O	E	U	W	I	P	F	F	G	G	P	D	T	R	L	M	P
D	R	G	M	O	O	R	D	A	U	Q	S	A	I	G	E	N
W	P	N	H	N	J	V	J	L	D	L	K	U	E	V	W	K
A	K	C	T	G	P	O	I	Q	W	E	Y	A	S	H	E	R

Puzzle 95

WOJO
ABSURD
BOOKING
BUSTLING
DRY HUMOR
JURISDICTION
ENCOUNTERS

FISH
CAPTAIN
DILEMMA
SUSPECTS
ROLL CALL
RESOLUTION
HEADQUARTERS

CLEVER
CYNICAL
PRECINCT
DETECTIVE
STRATEGIES
SQUAD ROOM

The Rocky Horror Picture Show

J	Q	T	H	E	A	T	R	I	C	A	L	L	T	S	F	T	N
Y	R	R	M	R	E	D	N	E	G	S	N	A	R	T	H	X	E
T	L	A	C	I	S	U	M	K	P	V	W	B	T	O	S	T	G
I	Z	U	N	I	Q	U	E	N	E	S	S	O	E	E	U	N	M
L	E	D	K	U	K	Q	V	Y	R	E	Y	R	M	C	Z	H	M
A	P	R	A	W	E	M	I	T	E	H	T	A	V	L	N	C	E
U	V	P	T	K	V	A	T	I	C	A	S	T	L	E	A	V	N
X	T	D	E	C	I	G	C	M	H	A	K	O	L	M	I	K	U
E	N	J	E	A	S	E	A	R	B	K	P	R	P	S	L	F	U
S	A	R	R	B	R	N	R	O	R	F	C	Y	S	B	O	Y	K
B	Y	B	R	H	E	T	E	F	C	Z	A	E	G	B	G	P	H
Q	O	Y	A	C	V	A	T	N	X	F	R	H	H	I	E	Z	L
M	B	O	Z	N	B	D	N	O	B	G	L	A	M	R	O	C	K
L	M	S	I	U	U	Z	I	C	S	E	I	S	A	T	N	A	F
G	A	D	B	H	S	I	D	N	A	L	T	U	O	R	V	B	R
L	L	J	W	F	K	K	A	O	M	T	N	I	W	P	C	M	G
F	F	Q	M	Q	D	R	Y	N	W	H	E	C	B	L	E	R	K
J	S	E	T	E	T	E	I	E	I	G	J	O	L	R	V	F	U

Puzzle 96

CAMPY
MAGENTA
SEXUALITY
GLAM ROCK
OUTLANDISH
TRANSGENDER
NONCONFORMITY

CASTLE
MUSICAL
FANTASIES
THEATRICAL
INTERACTIVE
UNIQUENESS
TRANSGRESSIVE

BIZARRE
SUBVERSIVE
HUNCHBACK
LABORATORY
FLAMBOYANT
THE TIME WARP

School In The '70s

R	O	S	S	E	F	O	R	P	E	L	T	T	I	L	L	S	N	Y	K	Z	C
E	X	F	E	E	K	W	Y	J	S	R	L	I	A	M	L	I	A	N	S	Q	E
T	O	B	Z	N	S	M	T	V	C	E	I	O	A	F	Q	Y	K	O	G	V	F
I	Q	M	M	I	I	A	D	Y	H	O	Z	N	B	R	R	R	M	V	N	T	P
R	J	S	M	H	I	Z	C	H	P	E	S	O	C	H	V	R	P	T	I	I	U
M	A	M	G	C	O	Q	D	L	X	E	W	H	R	K	E	A	X	W	S	R	C
E	E	P	Y	A	R	A	O	K	I	C	W	E	F	H	K	O	L	X	S	E	U
P	E	S	M	M	B	E	B	S	O	C	M	R	T	V	B	N	M	X	A	D	R
Y	H	D	Q	H	E	H	N	D	P	H	N	J	I	H	H	Y	V	Q	P	L	S
T	Y	R	E	P	H	R	C	E	Q	I	R	E	C	T	N	J	B	Y	E	O	I
Q	M	A	T	A	J	H	R	N	P	X	R	N	P	X	E	L	C	W	T	F	V
V	O	O	C	R	E	Y	Q	Y	U	R	U	T	X	C	U	R	A	K	O	E	E
M	N	B	X	G	A	N	K	I	G	L	A	T	D	B	I	X	U	T	N	E	W
I	K	K	W	O	H	Z	H	H	L	O	N	H	W	L	X	T	V	F	M	H	R
L	E	L	P	E	D	V	V	A	W	M	R	W	S	V	E	C	S	O	W	C	I
K	Y	A	P	M	E	A	T	C	G	T	G	O	O	L	M	I	Y	A	H	E	T
M	B	H	R	I	Q	E	S	E	Y	Q	L	I	U	R	I	X	F	W	L	E	I
O	A	C	K	M	M	T	O	G	P	C	L	Y	Y	N	B	C	Q	F	V	P	N
N	R	Z	L	M	G	Y	J	S	V	B	A	D	V	S	D	S	N	C	F	Z	G
E	S	R	W	S	A	I	D	E	P	O	L	C	Y	C	N	E	Z	E	Z	N	N
Y	G	P	G	E	I	Z	Q	P	O	J	R	O	T	C	E	J	O	R	P	Z	K
J	X	G	Y	U	N	L	I	Q	U	I	D	P	A	P	E	R	S	H	I	A	K

Puzzle 97

THERMOS
FIELD TRIPS
TYPEWRITER
NOTE PASSING
METAL LUNCHBOX
LITTLE PROFESSOR
MIMEOGRAPH MACHINE
PROJECTOR
MONEY BARS
CHALK BOARDS
CURSIVE WRITING
MERRY-GO-ROUND
PLASTIC PENCIL CASE
BROWN LUNCH BAGS
SNAIL MAIL
MILK MONEY
LIQUID PAPER
ENCYCLOPEDIAS
PEE CHEE FOLDER
PENCIL SHARPENER

The Waltons

M	H	D	M	K	F	E	G	E	N	E	R	A	T	I	O	N	A	L	V	I
S	G	I	T	G	E	D	F	N	D	J	I	T	O	X	S	H	H	K	Q	K
V	O	O	S	Z	S	G	N	I	D	N	A	T	S	R	E	D	N	U	H	Y
L	O	P	H	T	Q	S	O	X	L	C	L	O	S	E	K	N	I	T	G	B
A	D	I	L	K	O	E	E	F	L	L	J	I	L	O	N	E	F	U	D	Q
S	N	O	Q	N	O	R	B	N	G	M	A	L	A	C	O	U	T	G	W	V
R	I	X	M	F	M	S	I	N	D	G	S	R	B	L	E	S	H	N	C	F
M	G	C	H	Q	W	E	I	C	G	N	K	W	U	C	B	A	P	W	L	C
Q	H	T	O	U	F	R	R	M	A	I	I	S	A	R	C	Q	V	F	B	E
Q	T	S	P	M	U	T	Z	D	P	L	Q	K	E	Y	X	Z	W	T	R	B
V	J	E	V	T	P	C	J	R	F	L	E	U	I	U	G	U	H	Y	I	M
Q	O	P	R	Q	I	A	G	N	T	E	E	V	A	W	L	G	C	H	C	Q
X	H	U	F	J	H	B	S	E	N	T	I	M	E	N	T	A	L	M	M	K
O	N	J	P	O	D	H	X	S	U	Y	L	H	Q	N	D	Q	V	O	S	X
O	B	S	A	U	H	E	N	O	I	R	W	N	P	G	T	A	D	L	S	F
B	O	P	U	R	F	A	R	M	H	O	U	S	E	I	G	S	R	E	A	N
E	Y	T	I	N	U	M	M	O	C	T	N	M	E	U	I	D	I	I	X	J
H	D	X	O	A	P	T	I	E	Z	S	H	D	N	W	A	S	T	P	E	H
Z	Y	E	T	L	B	E	L	O	N	G	I	N	G	Y	Z	H	N	C	G	S
V	V	I	H	A	R	K	W	U	R	D	I	N	G	U	U	H	Q	G	J	B
J	K	K	U	F	N	Q	L	D	T	O	L	S	P	Z	L	N	K	W	V	Y

Puzzle 98

SIMPLE
JOURNAL
RURAL LIFE
CLOSE KNIT
NURTURING
STORYTELLING
HISTORICAL EVENTS

FAITH
WISDOM
KINDNESS
BELONGING
COMPASSION
GENERATIONAL
GOODNIGHT JOHN BOY

VALUES
FARMHOUSE
COMMUNITY
QUANDARIES
SENTIMENTAL
UNDERSTANDING

Board Games In The '70s

G	Z	B	C	A	F	O	P	D	U	O	O	C	Y	P	E	D	O	V
Z	O	L	L	E	H	T	O	M	B	K	H	M	A	F	G	Y	Y	D
Z	R	R	D	N	H	C	W	T	H	Z	O	N	H	E	H	V	A	O
N	I	M	T	O	Z	P	O	I	G	U	J	O	T	K	S	N	D	Z
T	S	G	I	I	C	J	T	N	S	C	I	P	Z	R	W	O	Y	C
S	K	J	U	T	X	K	I	E	N	T	M	F	E	I	A	W	A	J
R	Z	O	S	A	N	E	T	F	L	E	E	K	E	B	Z	Q	P	Z
H	S	Z	R	R	E	R	I	V	T	B	C	R	A	R	A	K	J	P
N	F	B	U	E	A	P	M	O	E	E	B	T	H	K	U	D	B	P
L	C	R	P	P	M	L	I	O	H	Q	T	A	F	K	Y	N	C	L
M	A	J	L	O	R	U	Z	C	N	L	S	Z	R	O	B	I	Z	Z
C	Y	O	A	J	T	N	R	L	E	O	I	H	P	C	U	M	N	U
D	D	R	I	B	E	K	R	S	R	U	P	F	F	X	S	R	N	W
B	E	G	V	E	A	A	H	R	A	V	V	O	E	H	V	E	L	W
R	G	H	I	P	K	I	Y	X	P	L	M	C	L	U	E	T	T	E
X	G	P	R	F	P	B	U	A	H	Y	N	D	V	Y	N	S	Y	U
X	E	O	T	T	R	U	K	A	S	Y	A	D	Y	P	P	A	H	H
S	Z	X	Q	E	L	Y	K	K	G	F	K	C	T	P	J	M	P	W
D	G	S	W	T	D	N	A	L	Y	D	N	A	C	P	M	U	Y	B

Puzzle 99

RISK
SORRY
YAHTZEE
MONOPOLY
OPERATION
MOUSE TRAP
CONNECT FOUR

CLUE
TWISTER
PAY DAY
CHECKERS
HAPPY DAYS
MASTERMIND
TRIVIAL PURSUIT

LIFE
OTHELLO
SCRABBLE
KERPLUNK
BATTLESHIP
CANDY LAND

10

L	M	U	I	J	G	A	H	P	Z	J	E	N	N	Y	N	K	B
H	N	I	F	D	L	O	N	G	I	N	G	Q	O	R	O	V	X
R	Q	M	D	A	E	B	A	G	X	Q	N	A	I	Q	X	H	M
H	P	H	F	L	S	T	C	C	E	U	C	D	T	J	O	P	T
H	S	Y	Y	K	I	C	A	X	J	L	T	X	C	G	F	A	H
S	T	O	S	E	H	F	I	U	O	C	I	X	E	M	M	B	C
E	E	H	N	D	N	X	E	N	T	Y	C	C	F	G	S	R	V
D	R	X	B	G	A	V	Z	C	A	A	O	J	R	S	I	U	R
M	A	U	S	T	W	J	Y	T	R	T	F	S	E	K	L	G	N
U	X	H	L	Y	P	R	T	G	C	I	I	N	P	X	A	T	Z
R	G	P	E	L	M	R	I	C	I	W	S	O	I	I	I	P	Y
U	G	A	B	D	A	B	F	T	Q	S	T	I	N	D	R	R	F
Q	G	S	U	C	C	X	O	Q	E	K	S	F	S	K	E	E	R
N	R	S	T	X	U	H	M	L	N	R	H	S	I	B	T	G	E
K	Q	I	G	O	R	S	T	E	K	Y	G	X	R	A	A	R	R
Z	V	O	T	H	V	S	E	T	L	I	W	N	D	T	M	E	M
E	D	N	M	K	E	R	E	D	O	B	Q	P	F	Q	I	T	Y
P	A	T	L	R	S	H	U	A	V	L	M	M	Q	N	L	I	I

Puzzle 100

EGO
CURVES
REGRET
LONGING
SONGWRITER
PERFECTION
RESTLESSNESS
ENVY
MEXICO
ANGELIC
BO DEREK
ATTRACTIVE
FASCINATION
MIDLIFE CRISIS
JENNY
ALLURE
PASSION
SEX SYMBOL
INFATUATED
MATERIALISM

Solutions

Solutions

Puzzle 1

```
V Z G J L H R I J U R N Q L Y A E S D S W
B P V P N K D U E I G K Y O I V B X H W K
H S N B O R N T O R U N L Y F U C Q J A I
T I T K I L L E R Q U E E N E H T M M O B
S K T A T U M N E E U Q G N I C N A D P M
J F A T I T I U Q I H C R S G E B G M N D
Y I D U T R P Y L J C P I Z Q A O G A K R
T I N G S X W I W E E R I F L R L I M E M
O G E K R F H A W G N N X A J S R E E M E
H W V S E U N N Y I I N E P N M P M R A G
H P I A P K I S A T L M A Q D O E A I B B
Y M L N U T A K T R O L N X W L M Y C Q H
S M A O S X V S B H R H S E O N Q A A C I
J C N R P Z O T T E A M E U Z R N O N L H
W I I A V M S E C Y C O N A R V O E P P A
S K Y H R S E E N J T A I O V V M L I T U
T P A S H W R L H U E M G O M E I E E S Y
C L T Y S A U T S D E K A Y M A N V I H C
U L S M J C O M B E W S M G L L E S E A H
L G X I K S Y I A B S H I Y P V F R T V K
Y B O H E M I A N R H A P S O D Y N D X N
```

Puzzle 2

```
S J Q R T S L H A L S T O N R B O D O F K
V E Y F O Z E N J P Y F W J U P L F Q V I
X R L K C N V T U W I C E I C D U B O M P
T E K I E D I N F Q X Q Q E J C G Q I V A
U L U R Z L S E I P P U P H S U H R E U T
W G I R K C K R G Q N I C H C L A R K S D
M N K B B N L U T I E A I C Z P B R G V M
H A A V R O W A K Z L D I O R Q X O X K Y
M R T Y F E X L I V F Q T R J U F F Y D K
L W P E T K D T I B S A S S O N P B U C U
B P V W I I E N Y F O K S M O M W W V O A
H J D A H N K I A F Q R A D B S H Q W Z M
J J K W Y L R A D V K K N K D G S S O Y J
O Z L F E U S S R O A O L E A K G B I H B
E N E I I B A S S A L I K I B T E H E G C
O L N O M Z D E C Q Q Z R T H P F Q L E K
Q W B R C Z I V G J H Z G O M A C R V Z D
E A L U E C D Y A K D Q R A L V N O I G E
J X F C K S A L C T P L Z B U G L E B O Y
Q Q W C C W I F K B L F Q N L I T U S T R
W P L I L F M P Z E C T O W T P F Z O T C
```

Solutions

Puzzle 3

```
Z M C P L T B C M I Q L X M L U H G O M O Z
A G S U D D N Q W H O L E S O M E K V F S C
B S D D Z X I I U D U P B S P L I F L U H G
G B L W R S O F P W E I W C I N L G K T T M
N R C L F A S E G F Y X O T C U L J K K E N
I W K T A O W C S R L A N W B E E T K L T J
R R D D R G W D H R O A F Q P V N C M H J P
E J S Z M O N F E O C F H V I K K Y M Q V V
E T K Q E G N I K R O W D R A H A C L Q H B
N J S O R X J S E Q M L G U M C O M E G A F
O C W Z F J S M D H E P H F X M B N E Q T L
I C H O R E S D H F T X F O M Y H C V R F F
P M K D W N E T A U Y N C U U D Z H O E K Z
B T S W O U N W R E X J N S Y S X R R K M Q
A V J S P I H S D N E I R F T Y E T G R T L
A M E F M I S N S T T M F U W G N V T O W X
T L H U G N I A H Y H B F V H B A R U W F F
O M L I D N B D I A M U U I W L L K N L B L
X I E L H W B E P N K K R N U T W Z L L R Y
S H U Q E H O X S K R X B E N J I H A I E B
J I C G A R N O S E L O S R M Y C L W M W S
J X P R X A S X E Z S P S L N N C Q A J T N
```

Puzzle 4

```
Y H B W E X P L O S I O N I F X N O
L B E D I S A E S F K K H T W N M S
C A A A F K A G J C Q C A B C O F S
M R C D G V A T N H X E A S V O C K
S R H U L N M M J I F M I T T P N C
I E G M I C I X W E M O C N T R N L
R L O F U T T Z D F W M X B I A R Q
U T E C T F Y W I B Z A I M T H P A
O Y R C E A I J R R K B C W G P T L
T G S W V K S Q L O O C I V S G L L
S J Y Q N I L W A D X R P P U B M V
H N S O F D A B P Y V L R R Z R Q K
X W R F R E N Z Y M D A G E E A H B
S K I N N Y D I P P I N G D T V F X
O X Y G E N T A N K S N I A M E R F
L E T I H W T A E R G K M T R R K E
J H H C J F X O R Z E J D O O Y Q B
I Z S C I Z E X M B U M E R T T C Y
```

Solutions

Puzzle 5

```
O B O E I G H T I S E N O U G H C V U F
B U H L Q J C Q F P Z T K F M R E Q M L
C L S F W K T F I H Y E O F U E O T B O
N L A L W K U F G N U K L B Y L G H B D
R C M V E F H Q V X F T W E M L R R K K
C N H U P G D B V H W P K W A I U E P N
P T Q I Y T N X S L S U W I Z M D E O A
J J N R P E A A P O I Z V T A Y L S E U
F A N T A S Y I S L A N D C H E D C V S
B E K O J A K T N E R P S H S N H O I E
Y D C F U O S F D D I N W E A R G M F D
N P R P D T R U G O O L I D S A Y P I T
Z K T K R Z A B S T S C R J R B Q A I N
V A Z K B M T W L Y U O I A F A Z N A L
S L Q L C Z S A T K F G P Q H I C Y W S
E J N A M O W C I N O I B I R C Z V A D
Y O M S P E F D A J U D P L X D K N H U
H I T G H Q A S H A U J G Q C U E P X C
R I P T U S D S E M I T D O O G O L X S
R W Y C U L S E R E H Z H H N J T X D L
```

Puzzle 6

```
O C W Q Q L F C A Y D U L T I X N Z B S P M
O W U I O C B C K D C K G L O J N N N R K T
S K O C U Z C C P A L E S L A Z J L Q H M V
A Y V G O R A D E E O A Y U L U O N Z O J F
S A N T A N A B U R F A Y T P D Q U M W U M
L V N A K C G Q V B Z H N O B E G X F A T R
A O Z E T M I T T P B A B R S B R O S G R X
M S H Q K H R H G X L O B H F D A T E M Q I
H T W K C X G X C D S P G T J F T N R Y R N
I E N A L P R I A N O S R E F F E J T A D R
P V X E R T W I N G S Z X J V S F I I Y M V
A E R O S M I T H G P L D F I T U U M W H P
J M R N W Q H D O I O S F S R A L C G N D V
W I O G E F L O U G R D G P L E D H C E H N
A L N S P D D I I J Q W E S N V E V B D J K
F L K S L H B O S T O N X E D E A U Q T D K
T E X P A U B B Y H X Z B S R S D Q H R D J
W R L Q Y W T H E G U E S S W H O U U O X P
S B M N E E U Q O G Y W M C R T T O E D F D
Y A T L R K R F S Z D K C J X S D K T G S M
G N J G E T B V E P I T H A D T Z B O A M E
Y D W Q V X A C O Z F Z P U Y Z B B W G V A
```

Solutions

Puzzle 7

P	T	T	S	O	P	N	G	I	S	C	T	X	O	I	H	L	D	W
X	P	K	O	R	E	A	N	W	A	R	C	V	S	H	B	A	J	W
L	J	U	H	P	L	Q	I	L	O	C	Q	A	O	Z	A	I	O	I
V	P	Y	E	M	B	B	S	C	G	U	T	V	L	B	Q	H	F	E
I	E	I	V	A	A	X	S	O	H	P	N	P	D	S	K	I	P	B
M	E	T	H	W	T	X	E	L	A	M	Z	D	I	W	Y	K	R	T
O	J	G	O	S	G	I	R	O	Z	V	L	I	E	I	H	A	L	V
G	B	J	T	S	N	B	D	N	L	L	F	S	R	D	L	Y	O	P
N	N	H	L	E	I	I	S	E	E	M	A	C	S	A	R	A	A	W
M	I	K	I	Y	T	J	S	L	I	V	E	H	N	E	Q	S	B	S
V	A	L	P	E	A	G	O	A	R	L	G	A	G	J	Y	I	Y	R
E	T	H	S	K	R	B	R	S	E	N	L	R	C	S	N	S	Z	S
Q	P	Y	O	W	E	M	C	R	D	D	U	G	T	E	N	T	L	K
F	A	V	O	A	P	C	T	G	A	S	R	E	G	N	I	L	K	S
G	C	T	B	H	O	K	X	S	R	L	M	J	J	K	V	H	D	W
N	A	P	R	A	C	T	I	C	A	L	J	O	K	E	S	J	A	F
K	A	E	M	Z	L	V	G	E	M	I	L	I	T	A	R	Y	O	C
E	Z	G	U	H	K	X	L	N	A	R	M	A	W	G	O	X	S	E
A	D	J	R	C	S	P	L	L	C	L	U	Q	P	E	E	E	G	K

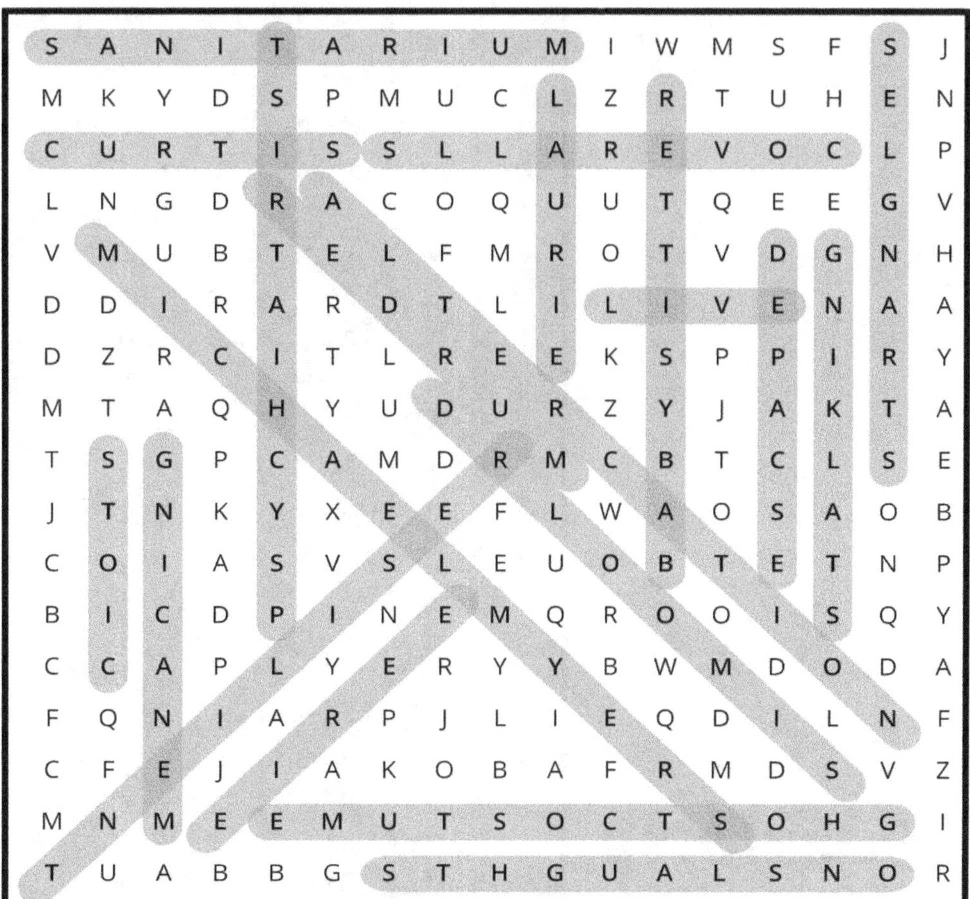

S	A	N	I	T	A	R	I	U	M	I	W	M	S	F	S	J
M	K	Y	D	S	P	M	U	C	L	Z	R	T	U	H	E	N
C	U	R	T	I	S	S	L	L	A	R	E	V	O	C	L	P
L	N	G	D	R	A	C	O	Q	U	U	T	Q	E	E	G	V
V	M	U	B	T	E	L	F	M	R	O	T	V	D	G	N	H
D	D	I	R	A	R	D	T	L	I	L	I	V	E	N	A	A
D	Z	R	C	I	T	L	R	E	E	K	S	P	P	I	R	Y
M	T	A	Q	H	Y	U	D	U	R	Z	Y	J	A	K	T	A
T	S	G	P	C	A	M	D	R	M	C	B	T	C	L	S	E
J	T	N	K	Y	X	E	E	F	L	W	A	O	S	A	O	B
C	O	I	A	S	V	S	L	E	U	O	B	T	E	T	N	P
B	I	C	D	P	I	N	E	M	Q	R	O	O	I	S	Q	Y
C	C	A	P	L	Y	E	R	Y	Y	B	W	M	D	O	D	A
F	Q	N	I	A	R	P	J	L	I	E	Q	D	I	L	N	F
C	F	E	J	I	A	K	O	B	A	F	R	M	D	S	V	Z
M	N	M	E	E	M	U	T	S	O	C	T	S	O	H	G	I
T	U	A	B	B	G	S	T	H	G	U	A	L	S	N	O	R

Puzzle 8

Solutions

Puzzle 9

A C W S E V E E L S Y W O L L I B G I K F S
X Q N E E Y J J W A P O T R E T L A H M W A
X B Z N G T B B X P W X B L I H E Y F U Z B
A J E L O P P K A Q Q O G S S O O O Q Z B R
X E C S L Y M W X H H V M T U T Y V D N W R
P R T P U M K R T E X O H N R P T F Z D E A
A G Y X F O W K M A T J I I E A V W A L G Q
T A A H E B L I K T B B S R S N I E W L J P
C S F U P L A B O L F G D P U T X R U B L X
H I L X C N J B T N B R Q C I S B D B I E T
W S B E S H L B L N C B A I T R A M W I T G
O X D T E L O F J U A O S L S Y O M N L F P
R J Y U E H G P R I K S R E L E Q J M E B F
K L U B I M M Z A R F T A D S O G I A L M E
E M E M O T M R P N Y K K E U L C N X L F Q
Y B M E P I U W O S T X F H P R A E I O K X
D I L X N S V N J F I S J C O E O D D R O P
E I W E K O U K Y R T Z E Y N B Y Y R I F R
I G D Z O N G I H H E A D S C A R V E S W R
T V V S M U J R T V L Q L P H H Q X S X R M
L I R Y H Y K Y P S R F N P O Z C D S I T G
U D O F Y Y P C R I T W P N S V B V Y G M X

Puzzle 10

S Y M C O Q O A L Y O C K C B C G H Z X S
P E B N K M N A E J D L H R B J U Z X J K
G F Q H S P G N I D R A O B E T A K S P G
H P H U L A H O O P N L K T C D X D S H I
J I V Z S R T W E Q L L P A K L P L S H S
U F D T L N I U S E T I K G N I Y L F I T
M V C E E V Y D R W B A X U B A N I W T R
P M R Q A J X S I D Q S R T P S N S G C O
R L U R T N K N M N A C I C V R K K H H F
O D A F I A D Z D O G Y I R I E F O G H T
P R S Y T M I S H U W B C N F K Y O N I L
E A W I E Q Q K E W R E I A C C M B I K I
Q N N G T D H X F E P X Z K R I X C N I U
A G K J I V O V V T K G V D E T P I N N B
D R I Z T D Q U S S V T M M S S O M A G X
I F V O O T R E T J W V E I H E N O T N D
Y T T U P Y L L I S Q F M Q X D E C N M A
N E V T M B J R T I I T Q L B A R O U S E
E Y I P R Z C J K M N D T M U R F I S P U
F O M A K D B J F B U R E G N T F Z O T Y
S E M A G D R A O B K I I G E V B B G X M

Solutions

Puzzle 11

T	H	C	A	H	N	S	E	T	A	M	M	O	O	R	D	J	N	H
T	K	R	Q	M	O	S	L	A	P	S	T	I	C	K	J	Y	Y	I
J	F	A	Z	U	Y	P	P	Q	P	I	Z	Z	A	B	O	W	L	G
V	K	E	G	T	V	M	S	U	A	C	Q	W	B	P	X	C	L	H
K	J	P	S	S	K	W	U	C	O	O	H	O	O	Y	F	B	J	P
G	L	X	H	E	Q	L	O	G	O	I	T	E	V	B	W	E	E	I
K	E	B	O	W	L	Y	O	A	P	T	C	I	A	E	V	S	T	T
I	K	U	T	H	O	O	S	I	L	L	C	N	X	M	U	T	S	C
U	Q	K	Z	O	F	O	J	E	F	X	T	H	I	B	C	F	A	H
V	U	M	B	Y	Z	C	C	T	M	E	L	L	C	T	J	R	F	E
X	I	O	R	Y	V	A	R	Y	R	O	K	C	H	H	Z	I	Z	D
L	R	N	E	B	P	M	I	L	W	A	U	K	E	E	A	E	X	H
Z	K	O	W	P	E	V	K	T	N	E	M	E	S	A	B	N	T	U
C	Y	G	E	B	Q	Y	S	D	B	F	O	H	J	D	Z	D	T	E
E	M	R	R	Z	J	Q	P	R	D	L	L	L	R	C	O	S	S	S
S	A	A	Y	L	H	E	B	Y	G	G	I	U	Q	S	E	R	H	Z
U	M	M	A	B	P	Q	D	H	P	V	L	F	E	J	F	L	J	U
L	L	A	H	S	R	A	M	Y	N	N	E	P	N	V	U	R	A	W
J	U	B	I	L	T	I	N	V	R	D	Z	S	C	I	T	N	A	M

T	K	F	O	E	N	N	I	H	A	F	B	P	E	P	B	O	W
H	V	X	Y	L	E	O	T	H	S	K	C	A	B	T	E	S	C
G	L	Q	W	T	S	B	G	V	F	I	N	N	H	N	R	M	L
I	B	P	F	V	I	U	D	N	Y	J	X	F	W	A	I	S	U
E	Y	G	I	T	T	S	Q	U	I	O	G	B	Q	I	N	G	B
W	L	E	F	H	W	D	R	O	G	N	N	D	N	R	S	W	F
Y	A	U	E	K	S	K	U	E	I	V	I	V	K	D	P	G	I
V	M	A	C	G	Y	N	X	X	V	S	K	A	G	A	I	A	G
A	B	Z	N	K	D	W	O	H	A	D	C	B	R	Q	R	J	H
E	I	J	A	E	Y	B	X	I	C	L	A	A	S	T	A	H	T
H	T	P	R	X	F	F	C	T	P	F	P	Q	R	S	T	Q	E
B	I	D	E	Z	S	I	E	J	B	M	T	D	N	T	I	I	R
R	O	E	V	P	V	A	D	D	N	Z	A	F	E	A	O	X	Y
G	N	M	E	L	K	U	O	R	O	G	E	H	U	L	N	W	Y
U	Q	T	S	X	M	S	E	B	G	R	M	J	C	L	A	H	Y
Y	S	C	R	E	E	D	R	W	L	W	A	N	F	O	L	S	H
X	K	D	E	T	E	R	M	I	N	A	T	I	O	N	O	P	R
H	C	S	P	A	R	R	I	N	G	N	B	V	Y	E	N	N	V

Puzzle 12

Solutions

Puzzle 13

C S V V U Q H O W G W R Z U P Z V R H

P L A Y M C F N X B B N K Y Z D K D P

L L I D Y M E Y V Q H Y W Z Z A E S K

V Y S D R S E K X U S G O D W A R T S

A R Z H R L C X Y X I U H V O I Y E L

I O A J A A N B Y B W S C W N S W V L

R T O T H P A S W C H P H J Q O B T A

P S Q H Y S R H D P T Z T B X E C A B

O E H E T H E G R E A T G A T S B Y T

R V Z S R O V R Y U E P N L N U C O A

T O G T I T I A F X D I E A I C S K E

H L H I D C L O K A M S M R L P C G M

E R X N T S E V J A A R G I M A P F V

J K V G J P D Q L E E T W I E O U X L

E C G S J I H H R P Z R N E T W O R K

R P E V C Z O G U I S V T W S W E N Z

K L V Q N U R S N A G O L P S V O O D

N G Q B S R A W R A T S K P X U Q U N

O B X E T W S T P C G M A D M A X S S

Puzzle 14

L K B V H S U O Y F W W Y N C F A O J V

J V E B F T R K G M G X Y P I F U R N S

K J E E P E R S C R E E P E R S E R P V

L L C N W O D W O L E H T E M M E X J C

H X G F F O P I R P U P A Q M D H Q H V

Z X O F E N O T S E W K C U A L I N T D

G T T E V G R K L P Y D B A G F C I E U

S D Z H E N F S W D I T B G G U U K V C

E E I Z E D N L E D T L I W J J E S H E

B Q Q A B S I A O L O T F N P T H E G S

I Y A X V X K Q V W U R Y E K H C M O V

V S F K U Y L I T I E I K Y H K Y O B R

D Q P P B M A A N O A R L C Y T S S A B

O C V A G O T Y L N T M P A C T P E N Y

O J S I Z H E W R U Y H L O U D T M A F

G V T N R H V K F U X A E J W G F M N U

F I C E B Z I L Y O T M R M L E F I A R

Y O D C O A J E I E Q J X W A Y R G S W

Q S T Z Z W J O R S N I T W O X J Z I A

J R B H Z B S Y B O O G I E D O W N L W

Solutions

Puzzle 15

B	U	C	H	A	N	A	N	H	I	G	H	F	K	R	O	I	C
R	S	P	N	P	C	H	O	R	S	H	A	C	K	M	O	R	U
H	E	H	F	A	F	O	F	A	U	G	P	L	V	P	M	N	S
Z	T	T	A	T	Y	W	M	L	H	U	N	O	Q	R	T	O	M
Y	S	G	A	B	E	K	A	P	L	A	N	O	W	I	R	Y	U
S	C	X	N	M	N	O	N	V	A	L	X	O	F	T	O	F	N
T	H	I	O	B	A	W	Q	B	F	S	O	C	H	S	U	E	D
O	O	H	T	M	L	M	M	S	P	D	S	O	L	H	B	H	E
T	O	M	G	A	M	S	L	I	M	L	D	I	U	H	L	G	R
Y	L	G	N	N	C	V	P	A	M	O	T	J	O	N	E	P	A
S	Y	N	I	P	R	S	N	A	X	N	A	C	Y	N	M	Q	C
T	A	N	H	U	Q	P	K	Q	A	R	M	P	A	B	A	Z	H
O	R	I	S	O	P	B	A	R	B	A	R	I	N	O	K	T	I
H	D	E	A	I	N	C	O	R	R	I	G	I	B	L	E	H	E
L	K	T	W	F	R	E	N	W	T	E	A	C	H	E	R	M	V
O	E	S	S	W	E	A	T	H	O	G	S	N	K	Z	S	S	E
E	Q	P	I	P	S	Q	U	E	A	K	G	C	H	D	R	L	R
S	H	E	N	A	N	I	G	A	N	S	R	I	Y	A	E	X	I

Puzzle 16

R	A	L	I	X	N	E	V	C	Z	D	X	C	W	C	I	U	T	V
Y	X	D	G	J	Q	Z	L	T	K	T	P	K	N	M	N	R	W	C
M	Y	N	O	E	S	H	H	L	D	X	A	O	F	O	A	E	U	N
L	G	X	J	O	N	V	V	M	L	T	I	M	K	T	I	S	U	U
T	Z	F	R	J	H	D	M	R	N	T	F	S	E	H	T	P	Z	S
X	G	U	W	A	X	T	E	A	A	N	A	O	E	O	M	O	L	O
T	E	S	T	I	F	Y	N	R	L	C	C	C	D	F	D	N	P	C
U	I	E	D	U	V	G	A	E	R	G	R	Y	E	F	Y	S	S	I
M	Y	M	I	F	I	P	G	I	R	O	B	N	S	M	G	I	G	A
S	E	A	S	O	E	A	F	V	V	A	L	I	S	A	J	B	V	L
B	N	N	P	S	L	I	O	I	T	V	P	E	E	N	V	I	Y	I
A	G	H	U	H	C	E	D	T	O	W	P	J	S	A	F	L	Y	S
L	D	A	T	E	Z	F	L	N	U	Q	I	B	B	M	Y	I	F	S
A	Y	T	E	L	X	E	J	R	B	V	U	I	O	C	A	T	M	U
N	H	T	I	D	E	R	C	S	I	D	O	Q	K	X	U	Y	Q	E
C	H	A	J	H	I	M	E	R	Y	L	S	T	R	E	E	P	E	S
E	A	N	C	I	L	O	H	A	K	R	O	W	O	A	T	B	N	A
M	Y	I	M	S	V	M	Z	V	R	T	H	U	W	V	N	C	E	Y
C	V	D	H	N	Z	R	R	V	C	O	U	R	T	E	O	O	N	G

Solutions

Puzzle 17

Q	T	V	Y	X	V	Z	V	N	O	S	A	J	O
L	A	T	S	Y	R	C	N	C	K	G	M	I	O
V	T	M	E	L	I	Z	A	B	E	T	H	N	I
S	V	B	A	Z	C	X	D	L	J	W	O	A	I
R	S	D	C	I	L	Y	L	R	E	B	M	I	K
J	U	A	I	R	L	E	E	H	I	W	V	R	X
A	H	V	R	V	H	L	T	R	I	T	G	B	Z
N	E	I	E	C	B	T	I	P	F	H	A	S	F
G	A	D	I	K	A	S	B	W	S	F	S	X	K
E	T	M	A	M	N	O	Y	W	V	W	E	J	I
L	H	R	S	M	M	E	L	I	S	S	A	J	J
A	E	I	L	U	J	L	I	S	A	K	O	G	U
N	R	C	M	C	C	Y	M	A	M	H	L	P	X
C	H	G	L	L	C	H	E	P	N	L	C	H	P

O	O	R	S	L	I	F	B	A	V	K	W	Y	J	S	R	O	H	Y	M	C	V
E	P	H	Y	H	M	S	C	I	I	I	T	B	I	H	B	Q	W	T	A	M	G
X	H	A	V	M	R	V	O	G	D	Y	N	Z	T	A	K	I	S	N	G	B	A
I	Q	I	R	R	L	I	W	G	C	C	O	N	R	B	G	T	L	G	I	X	L
F	S	C	P	A	K	P	N	S	E	R	U	G	I	F	N	O	I	T	C	A	B
B	G	G	M	P	C	E	Q	K	U	L	F	E	F	T	O	Y	N	O	S	X	V
I	S	G	R	J	I	H	R	X	Y	L	Q	T	T	T	R	S	K	G	L	L	D
I	J	Y	G	E	R	T	U	P	H	D	S	X	X	E	T	Q	Y	M	A	V	W
B	V	Y	E	P	E	F	Y	T	L	P	I	P	S	C	S	K	H	N	T	U	A
H	S	B	V	K	F	N	U	H	E	U	A	N	L	O	M	N	U	L	E	Z	L
J	J	S	L	Q	N	Q	M	X	O	S	N	O	K	V	R	D	B	X	R	Z	K
Y	V	R	B	E	T	O	J	A	K	P	O	K	X	S	A	E	D	E	I	H	I
L	Q	E	U	T	M	H	M	T	C	O	M	L	R	I	H	U	L	D	J	G	E
U	A	K	T	L	E	O	R	F	G	H	J	W	D	R	C	Y	W	L	L	U	T
Y	K	C	B	Q	O	I	N	K	O	O	I	F	T	I	T	E	N	A	C	O	A
Z	B	A	R	B	I	E	S	T	Y	L	I	N	G	H	E	A	D	H	H	D	L
O	Q	L	N	T	P	X	O	Y	W	C	E	I	E	B	R	R	K	Q	D	Y	K
I	N	C	O	D	R	U	J	I	B	I	O	R	L	P	T	R	S	E	I	A	I
H	X	S	E	A	M	O	N	K	E	Y	S	E	R	X	S	S	G	J	M	L	E
G	D	Y	O	T	O	E	P	A	H	S	S	T	N	A	T	R	I	X	F	P	S
U	A	B	O	C	Y	N	T	X	G	D	C	V	R	H	B	U	V	E	V	D	I
K	O	S	A	L	Q	Q	N	H	L	H	O	C	K	E	Y	T	A	B	L	E	B

Puzzle 18

Solutions

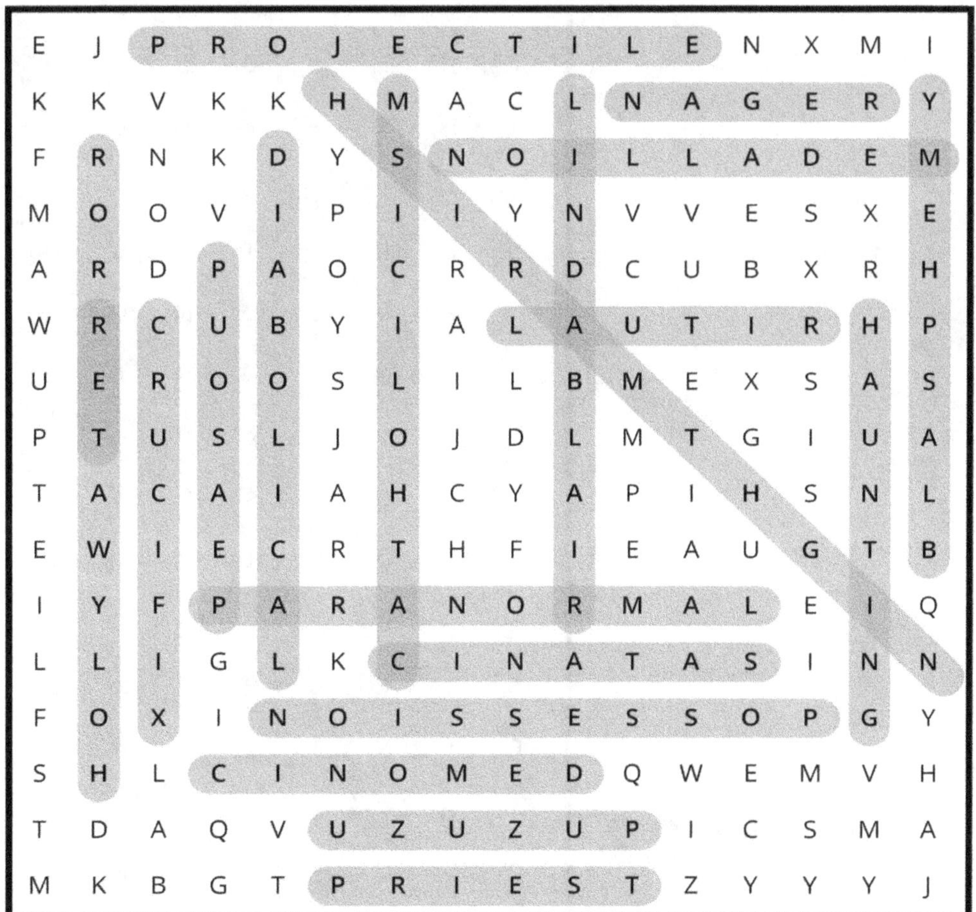

Puzzle 19

K	K	Q	C	L	O	X	K	U	Z	B	Q	B	L	Y	J	P	I	Q	B	V	N
N	O	I	T	C	I	F	C	I	F	I	T	N	E	I	C	S	D	R	V	S	N
M	B	N	I	Z	F	N	O	J	D	E	C	E	K	P	A	Y	C	N	M	E	Z
K	S	T	E	J	X	A	D	B	S	C	S	I	J	Z	B	T	A	V	E	I	S
L	L	E	J	C	S	B	A	S	H	X	U	P	F	V	Z	I	Y	Z	Y	L	P
I	E	L	A	H	V	F	H	R	A	R	H	L	I	W	S	L	M	S	R	L	E
B	Q	L	U	T	C	P	L	S	I	Y	B	G	V	O	S	I	B	S	B	A	E
X	X	I	W	G	E	R	A	F	R	A	W	J	T	U	N	G	B	E	J	W	D
I	J	G	N	N	C	H	C	M	S	F	T	A	S	A	P	A	H	C	F	L	D
O	I	E	J	E	J	O	I	Y	S	D	P	P	G	E	S	Y	G	R	A	I	H
K	E	N	A	R	F	P	H	I	V	Q	E	H	H	N	R	Y	F	E	H	K	G
S	Y	C	O	T	A	C	T	I	O	N	P	A	C	K	E	D	E	T	I	R	J
A	G	E	N	S	R	N	E	P	S	C	J	L	K	O	M	R	M	A	P	M	J
F	F	O	G	E	J	T	N	E	M	R	E	W	O	P	M	E	B	G	D	G	D
V	V	N	P	I	D	M	F	E	C	Y	B	Z	M	K	O	F	O	E	W	V	M
S	M	N	I	T	A	U	W	I	D	T	E	V	M	Y	S	U	T	N	U	S	S
C	H	D	F	I	L	P	T	T	V	N	H	H	Z	J	E	O	Q	T	X	C	B
S	T	N	A	L	D	M	I	S	S	I	O	N	S	N	I	D	Y	O	U	X	M
C	Y	Y	F	I	U	J	X	T	C	F	W	L	G	C	M	B	W	N	A	G	S
J	Q	W	K	B	T	M	W	S	E	X	R	Q	B	L	A	P	W	A	V	F	P
P	L	E	C	A	D	V	E	N	T	U	R	E	Z	Z	J	J	S	K	B	W	P
S	I	W	X	V	Q	M	E	Y	I	W	X	H	G	G	B	E	Q	I	X	J	G

Puzzle 20

E	J	P	R	O	J	E	C	T	I	L	E	N	X	M	I
K	K	V	K	K	H	M	A	C	L	N	A	G	E	R	Y
F	R	N	K	D	Y	S	N	O	I	L	L	A	D	E	M
M	O	O	V	I	P	I	I	Y	N	V	V	E	S	X	E
A	R	D	P	A	O	C	R	R	D	C	U	B	X	R	H
W	R	C	U	B	Y	I	A	L	A	U	T	I	R	H	P
U	E	R	O	O	S	L	I	L	B	M	E	X	S	A	S
P	T	U	S	L	J	O	J	D	L	M	T	G	I	U	A
T	A	C	A	I	A	H	C	Y	A	P	I	H	S	N	L
E	W	I	E	C	R	T	H	F	I	E	A	U	G	T	B
I	Y	F	P	A	R	A	N	O	R	M	A	L	E	I	Q
L	L	I	G	L	K	C	I	N	A	T	A	S	I	N	N
F	O	X	I	N	O	I	S	S	E	S	S	O	P	G	Y
S	H	L	C	I	N	O	M	E	D	Q	W	E	M	V	H
T	D	A	Q	V	U	Z	U	Z	U	P	I	C	S	M	A
M	K	B	G	T	P	R	I	E	S	T	Z	Y	Y	Y	J

Solutions

Puzzle 21

Z	B	A	Y	R	T	S	E	P	A	T	D	G	J	G	S	G	J	U	R
V	C	O	D	A	E	H	E	N	I	H	C	A	M	J	R	K	O	V	S
N	C	Y	U	Z	B	J	E	C	N	A	D	N	O	O	M	P	R	T	L
I	R	G	G	G	T	L	E	F	R	R	X	C	B	R	Y	C	I	T	Q
N	E	U	Q	N	W	O	L	B	O	S	T	O	N	R	Y	C	H	U	D
N	G	E	U	I	U	Q	S	Q	F	E	L	S	Q	V	K	E	G	D	Q
E	N	T	A	L	L	F	B	C	I	Y	E	E	Z	Y	W	V	B	G	U
R	A	H	D	L	R	S	H	L	L	P	I	N	F	A	K	S	N	B	L
V	R	E	R	A	U	T	L	H	A	X	P	I	L	S	Y	Z	O	K	A
I	T	G	O	C	M	U	T	C	C	N	N	L	N	O	R	O	Q	E	F
S	S	A	P	N	O	K	O	G	L	G	A	L	A	G	W	I	C	O	M
I	E	M	H	O	U	T	H	O	E	T	C	E	U	F	A	O	E	L	N
O	H	B	E	D	R	S	L	R	T	V	I	L	L	U	Q	S	B	P	P
N	T	L	N	N	S	B	S	I	O	F	R	L	Y	I	F	K	V	O	G
S	U	E	I	O	A	N	C	D	H	K	E	A	P	F	G	X	S	T	Z
H	B	R	A	L	N	X	I	G	Z	P	M	R	A	D	F	A	P	Q	F
J	C	O	B	H	C	U	J	G	I	T	A	A	G	Y	J	Q	R	Z	Q
G	G	C	V	P	C	M	C	W	Y	A	Z	P	M	Q	W	L	T	F	I
J	N	K	D	T	O	R	N	V	J	T	B	L	U	E	W	F	H	Y	X
H	J	S	T	O	W	M	L	K	H	E	A	X	U	M	R	S	R	E	N

Puzzle 22

C	R	F	C	C	L	A	P	T	O	N	R	M	W
I	H	R	E	M	M	U	S	Y	W	W	G	F	R
G	L	E	E	B	P	S	M	D	I	L	S	E	N
S	D	L	R	T	P	C	N	A	L	Y	D	B	O
I	R	R	E	D	N	O	A	E	S	N	U	N	N
M	F	O	S	N	M	E	H	U	O	S	I	S	N
O	F	V	S	A	N	C	P	W	N	C	T	J	E
N	I	Q	I	S	T	I	T	R	K	D	K	G	L
I	P	D	P	I	C	H	M	S	A	N	V	V	R
L	S	U	M	E	A	T	P	T	I	C	J	Q	K
S	Y	E	L	R	A	M	S	M	C	M	B	S	M
D	E	N	R	T	W	N	V	M	C	Y	I	O	V
J	R	Y	C	S	O	S	M	O	N	D	W	U	A
Z	V	U	F	R	A	N	K	L	I	N	P	T	F

Solutions

Puzzle 23

```
R N P Q E M M E C I D U J E R P R S N L
O D U N A P O L O G E T I C T Q Y Z C A
S O O P I N I O N A T E D T A R G R S C
O C A W E N C M F J J A G X T L E A Q I
C D I O C G Z I R C R M W O O N J G E G
O E Y P O M U H O R A G G R I G R U A O
N T X E O K Y L N A S I I E W O Q O R L
N T R W V T Z M T A B A R K U S P V P O
O I D A L C E V A J S Y U N H E S I R E
R W T R I E P V T T V Z D U T F V Z C D
H P D J M L U T I L A B E B K F H H O I
T R A S A B B V O T R V Y H P U B M U L
U A E X I L I L N E I G F T C P N L T U
O H H B O C P Q A R C S D I I E G G S Z
M S T U K F Y K L Z F I N D E L U U P V
D L A C I T I L O P I S M E X D K S O T
U B E X D N C C P F Q N R O S X T G K A
O N M T G B N W L M X N G E Y S Z U E Q
L P G Y F H X I D E R E T L I F N U N Q
Z R A S O C I A L I S S U E S C F F J Q
```

Puzzle 24

```
D B N S G W F Y J E G Q O A X F T Y N T N N
E C O K R E D G G D C N W J F D X J T F F A
N S D O N V S P O K Y N A M J C X A J J T V
E A V S G L M P A L U W E G W C C U K D F N
T F Z K O O R Z O I J U L D E R C D Q M K E
H W C C B S S P D O Y P J D I H O O L M P E
G U C A W P R K P E K N K T T V T Y M Y R R
I I S N B S H U D Y V Y T I T N E D I S F G
R F A S E C R E T C O M P A R T M E N T S K
F O U Y E S E S F K R F E V I T C E T E D Y
A W E B G G N A U E T I Q T S I U F K R I M
K X T O C D A I P O E B E M Y N Y T S Y N C
L E Q O C K D S A C R P H S E U L C J M L K
Y S R C J D T O S L P V I S A D Y R P A M H
U Z U S M E A K N A L U E V O O Q R M C G Z
S E Y Z X R E L S Y P I Q S A H E O S H P I
P O F A N O R Y S T T N V N I W O E O I G E
H P P L A S G E T O A W E P J N X S H N D A
W G E O C G T P L Y T N K D M F T A V E N C
E U N M A S K E D L M D X R D L B A R V H J
L S K H N L X D M L B N A F Y I C W T G P S
S L S B Q B M Y F C L P C N L T H G M H H J
```

Solutions

Puzzle 25

```
K I D C H A R L I E F R A G R A N C E B E
S L S U P E R M A X D R Y E R R A R D O B
U J F S Y A T M U V Z Y G U C A I C C G N
M U V D T J W F S C O U A N Z C Z Y H G K
D K N N F I U J R O C V M X V S E I L E K
L V W O Z A C J E N L E E O W A A C Z N Y
I D L P H F Y K L R O R Z O L M M K O A I
W W V Q Q U O N L D G X X B R H Y C G I O
U X U S Y G I Y O E S E O A B S C F M V W
A V O P O F L E R F D J N O H A E G L M U
Z C S Y V Y O L D G E E N S K L R B F R H
Z I A F S N F D E M J N O D Y T I P P I D
O B V F J V O R T Z E R G D C A E Y K M X
M I D Y R Q L A A B K F K B O E T J N M P
I U X A L M A Y E Y E L I N E R Y M R E U
L A D O R A Y L H H I K B G I G A E R L V
V D E W B X L A K M R X Z T W Y Z N Z O L
Z I H Y Z L A W N O F I N A L N E T T V U
E C H E M I C A L P E E L S O J N O V A K
D U X Y E L F V X T I N I R T H Q T G J H
J D Z N Z L K V Z Z G A B W R Y M U N F S
```

Puzzle 26

```
A N T R O U B L E M A N S W K Z P I V H K
B N M F A H G T H E L A S T W A L T Z O N
N R B Z C F U Z H Y B T Z S T C D I H A W
A K G Y K J M I J Y J N H W K F U F K V O
R Z K R A Y V F S G T E R A B A C F X G T
Q Y E M K N R O C K Y X A J K Y V A W L A
P X W P V K N X J G L T N R L N I R W Z N
H K V B L A Z I N G S A D D L E S G F N I
Q D W E V Z R X E J B C B Q D M E N I D H
I S S E R P X E T H G I N D I M L A U Z C
A G Z I M T B H H U A X B T C Q T C C H J
R I H Y F X B S N T L L T C M Q S I T H C
F H N A B U T E M N A W L S R W A R H S C
H C H I Y W U G D X A F Z B O Y C E E T R
X S I R B U U T H L Q M D F A L E M W G D
X B H I U Y K C O T S D O O W F C A I N I
Q Q Z P N W O R B Y X O F A G R I J Z C M
T Z E S S B J Q E S A E R G M E G I H P Q
Q V C U O Y C L I Z Z V O G R P H U Y I B
Y T A S Y R A Y Y U D J R U I U H T Y C X
N A T T A H N A M X A G Q O K S M P P C U
```

Solutions

Puzzle 27

```
T S I J D R Y C L E A N I N G Z Y U
R F H M U Y Z T Q F O F X R N A M F
I Q E A O I E S I R H G I H D O C P
N T R X R E I B E N T L E Y C M M R
T N U P S P J U B U V O Z K D R Q E
E E T Z A B D S W M O O D I A U E E
R M A O T D W I S E C R A C K I N G
R T T A W Y W N A Y O P D A K F R S
A R S C E T E E N L T O G N R Q E A
C A T V A T H S F X O I B T F V K S
I P R Y L I Z S I R Z G S B O Z A S
A A O V T W O M M U Q X U R L I Y Y
L O H F H K Z A L D O L V E E G V M
W D S V R C N N U G B L L A N V S A
T K D S E I M E N E R F T T O L I I
L V W T H U J G Z O A F E H I Z N D
J Y U I E P M T G E O R G E L L S W
B W E C N E R O L F A W Z A T B T E
```

Puzzle 28

```
K H W X X V B G S W A G G E R T X F R M C
J Z R A K A B L J U V C P A L H W W E W P
V A H Q H U S T L E Q S M F N N I L N M O
T S L O P Y R G T A J W B I B N F C P H L
H T E M J S D N H B B O S A C F E I P P Y
K A U U K B V Y X W X R R O U A D T O B E
H N R T O N Y M A N E R O H M V N Y T Y S
B I T D O O H Z D R A A S R F G J M T E T
K G X K W N E W R C U N D H R B U C U A E
W H D N S A L C U Y Y O E J M I A M R M R
H T I E B S R D U L Z N H P D L M B T S S
H L S H G R A E K E O A P D H A N B S I U
W I C R G S O O S T F Z A K G S B B K R I
H F O N R E O A Z T T A R C C W E W Z A T
A E T K R R W T T Y O R G E P U E S J H W
A C H K B X K L D F V R O T U H G S L C B
Z Y E D I S C O E R A E E P V K E H W Z R
I W Q O T K H V Y K O V R G H C E G D L R
O H U I X K Q A K Q Y W O E I Y S M K I Y
J A E Z O V H R L E B L H U C E N V M U C
X C N O I T I T E P M O C Q Q A Q Z L B X
```

Solutions

Puzzle 29

H R J S H Y W K P C Z R Q T M C E J G M P
E Z S E R Y O W L E A T H E R B A G O I Q
A K L V U E O D A N N I F L F Z E E L V T
D C Y R H E D W T T S S A H J I L W D N F
B S C A J M E L F W N T U C T B A F C L L
A R T C P H N O O Y M S X Q M H S C H S L
N E X S H E J V R H Z E F L S F E P A R G
D K F Y W O E E M G Y V U T P D S U I Y V
S O T I Z N W B H A A D R D D Q S I N N A
R H E F B X E E E P E E O P L S A G S V U
S C G E N V L A E Z O G Q O B T L N D W G
E I L S O V R D L Z K N A O G W G F Y I H
Z T Y A Z F Y S S V J I S G N I R D O O M
S R O T A I V A Q S O R F Q S S A T I K J
U J Y U I K S Q E J R F Y E H R L Y I M H
L S T A H Y P P O L F O C S S B U F R U C
Z H L O G G R E E V Q A O J I U C V K A O
Q F F Y R L E W E J E S I O U Q R U T D N
U Z C A A T A M V P H I O H F O I X R G X
B P L Y V R Y Q C T O Y S Y J A C B Q C J
Z F O Z C F H M Z X Q S R E H T A E F X T

Puzzle 30

S K L O J B C S K I T K A T F G X E R V A S
R V W P C A M B P E L L S S O U P B B D I I
A A B I F T C S H A H Y Q L U E T Y G Q R J
S R C A N H Y P E W G I E V R T C N J Z C T
E V I J G S Q R Y N N H O U G T Y D L G J N
A N H C Y G T O Q U S N E U M E O Q M X Z K
C U N I E E B O Z M Z D O T E L J F K G M S
E U I R E K A B N E K A H S T L D L J M W C
L L M T H R R E S C K A C G J I N W T E T W
T G R C M N E I O H I H R P C G O R B T B X
T K A E U Y N U S Y B G Y Y N T M S C C S Z
I H H L Y L G D Q P R P A G E D L R P A A A
L H C E J A Z R M C I L J R Z L A E O M T P
L P Z L P S M E Q O A E U Y E O K Z R G Q U
K Q B A E K O R A W U M S E T T E T T I K W
C L R R U K O D A K F I L M A Q T L W B A V
W H O E N O G L A C O Z E K T I Q E J M D Q
I Q W N W E L I L Q S Y F J S K O S S W T U
M O Z E D L G Y X R P O H H L Y B A O B Z W
Z E H G P I W O H C T A C T L S R K E W O J
I M Y I D M K P E E L D D X A E Y L M Y T Q
W N E S C A F E C O A X S X M D U A Z Y O X

Solutions

Puzzle 31

```
C X T L V Y H V U G U V X P S I O U S A W
O H A S I F F D A L U T F P J W V N F Q X
D F I E I U P F I I W H T H E X H H O M Z
D Z E L O L J L A S H A Z B O T G N Y V W
B H S I D N A L T U O L R X R V G L S C H
A L C W O L Y N D N F I E X K Q W U J Y A
L C K F L D I G R Z G E T N A D I F N O C
L O B H Y B C K R U O N A Y N N L Y B I K
G N I R A E D N E E O B R Y F O L A K Y Y
Q M D C G G I X K I D J W A O E I L J C E
V U N A N U N A N V B S E X O N A P I I G
L A R G E E G G I Q Y J P E D E M C M Q V
Q N K L D I U C F F E J O A D R S N P G M
E U X P X I S F O R G W T E C G Y R R A M
D F H U A H B O K R E I O Z F E Y L E Y X
O Y P I X H G K H I S N D U F T S W S C W
L P V W A N T O O A T V J V M I Y U S U K
O R N V B Y E F M C U V Z V X C W X I E Z
T F E X T R A T E R R E S T R I A L O T X
A Z X O N C I S U L E H T O B Y G N N R Y
P S B S T L P V Q T R V T J H T X V S N Q
```

Puzzle 32

```
U N G V Q S R X D L S R S W W P M U S I G
U B R N I Q N J Z M V H J D J Q U L T F K
A V F V I R O C J V Y H M M L R D Q L J O
L E Q E P H G F G N A O F T C E O I O G Z
S U R G J N P I H J A J Q H H D I R U Y J
T B W R M T M A N B R O T H E L F H I O B
O W S O A N T V R I W B J N O I I O S D R
R B L V U T S L S G T I K S N G T N H U Q
Y S I D I A A L B C O Y E N Q H C U R A N
V C K E Y S R E V O R T N O C T L D T O P
I D E T S X A N W Z I T O A R D A I I I B
L Z Y T O U N E T P U K V H M I K T K N E
L N W K T I D M D I G X O D P S U Y E Y L
E D Y Y G D O A A E X P L O I T E D R Q L
L O N S I N N D Y C W E K J I R E N D I O
L A H N G I T A H F Z R M T T I J M P I C
P E G M Y G D M A A T F S M H C T H K S Q
J Q Z E C O N S E N T O B G R T Q K Y W T
J Z T E L O I V S F R Y N E R N Q K V J R
J K N Z G L F D Z P K O N G T P U A K J J
T Q B P X K I E L G M T N P H S Y L D B A
```

Solutions

Puzzle 33

```
O C Z Y R K I A F Z S N O B Y A S D
H O D B X I W R F Y B L V D Q D B H
X U T N W N N W D F V Z D H Q N G G
E I W O B J N O S L O H C I N O V Z
L J S S G W X F S L C H Y T M M M E
Z I L R T O Q D P I A D A R T S E R
X F R E V N E D E M R U L K O O W Q
F X E F W T M U B R A R P Q M K D Y
P P R F O F E E V E E R O D R L I B
R E D O P A R U C G X G U M Q K P Z
Z R I T L L C B C A F A X F W Y Y K
W K S S A S U B F C P P L Y H O P X
L I E I N B R I D G E S R L R G T L
B N N R T J Y G O H N A I K I D X Y
K S O K V O Q B K I E M N D L O B J
M W J V L F G C B G P M E U Y A L D
C Y K O M E V K W C D Y O P Z U S D
P Q Y L H S R V C D Z G N F C C H D
```

Puzzle 34

```
T T D K K I S S D R C D V M C Q C P H S H
K H V Y K R Y E A K Q N J C F C D O D U P
A E P J N C A E L K J S K H Q Y X L N F E
H R U U K A B M E G Y W Z A E U T Z U G D
M O U N H P P L O H A K P B D S Z R I T B
Q L A Z I J N M A N Z E B X V K W O O V F
E L I S F L O E O C E M E Y H N C O X Z N
D I U T A T E H L C K S T H Y I A A G I W
U N D F T S P P F A D S T U T K M B Z I F
O G E N H L N I P Y H A A T H E D O O R S
D S L R O F E A N E L N B B P H O S G J A
E T P U H L U R K K Z M A C B T O W U A N
P O R A K W B H I A F D R V F A W V P H P
T N U A V O S N A V N L E A U V T A C M D
L E P H H A G O W H E G O L M M E H L B Q
H S P Y L H Q E B Q Q R M Y E B E F U D V
B G E C E D J Q K G L X B I D B L C X Q V
G S E A Y M V U N F Z J C A C R F X X D C
D H D Z D R Y N Y K S D R Y N Y L H W C Y
T S E X P I S T O L S G T J Y D B X P U F
T B L M R Z T H R Y W P Y A C L Y L F Q Z
```

Solutions

Puzzle 35

N	O	G	T	H	L	K	A	D	Z	P	O	I	L	U	R	U	J	M	R
F	P	N	E	W	S	R	O	O	M	I	E	O	T	A	E	O	L	D	W
D	R	A	O	B	N	I	T	E	L	L	U	B	Z	K	S	P	Y	J	P
K	Z	C	X	B	G	S	M	N	Q	E	W	T	P	W	I	T	P	B	R
T	N	A	R	G	U	O	L	T	C	C	A	J	I	Z	L	I	P	D	O
O	L	J	W	W	S	C	H	N	K	N	Q	K	H	K	I	M	J	W	F
Y	J	G	G	B	Q	O	A	S	X	E	D	D	S	V	E	I	J	Z	E
G	D	E	N	I	M	R	E	T	E	D	X	J	R	Q	N	S	T	T	S
C	V	K	D	I	E	F	E	Y	B	N	W	P	O	K	T	T	L	S	S
O	E	O	P	B	Z	I	I	S	D	E	V	C	T	Q	A	I	B	B	I
L	C	T	U	K	A	A	V	B	I	P	K	S	N	P	G	C	W	T	O
L	N	X	B	T	E	V	L	U	C	E	B	V	E	M	J	Q	S	U	N
E	E	K	K	J	A	U	G	B	M	D	R	N	M	J	I	I	D	T	A
A	D	Z	A	V	W	E	K	S	L	N	D	H	U	O	L	O	P	Q	L
G	I	P	R	O	G	R	E	S	S	I	V	E	O	A	F	Y	L	W	I
U	F	F	F	Z	K	K	D	Y	V	H	A	T	N	D	V	O	T	P	S
E	N	P	R	O	D	U	C	E	R	Z	Q	R	M	F	A	G	F	D	M
S	O	E	R	M	B	I	R	Y	N	B	U	J	T	J	R	U	K	L	R
Q	C	B	D	D	H	S	I	X	L	O	Z	H	Y	P	W	D	S	G	G
E	N	L	A	F	E	Q	S	P	J	Z	Q	T	A	R	G	W	A	S	Q

Puzzle 36

L	Y	T	R	A	P	R	E	B	M	U	L	S	Z	G	J	S
F	S	E	H	N	E	W	T	O	N	J	O	H	N	Y	P	E
T	T	C	I	G	A	R	E	T	T	E	P	X	D	L	M	I
O	H	J	I	P	W	J	X	H	O	B	L	W	H	L	I	D
N	G	E	L	A	C	I	S	U	M	L	F	N	A	A	X	A
O	I	O	S	I	B	R	L	N	E	B	R	D	H	R	W	L
U	N	E	R	C	K	T	R	D	E	A	E	A	V	P	V	K
Y	R	Q	V	W	O	Z	Y	E	D	N	N	L	S	E	M	N
L	E	J	T	I	N	R	M	R	W	D	C	G	T	P	J	I
O	M	E	C	B	R	W	P	B	J	S	H	R	L	R	Q	P
J	M	R	V	X	I	D	Y	I	A	T	Y	E	B	N	S	O
F	U	W	J	Q	X	R	V	R	O	A	S	A	B	Z	Y	C
F	S	M	J	J	L	E	D	D	K	N	F	S	C	P	U	N
X	A	V	W	M	G	E	D	S	U	D	S	E	R	Q	R	W
F	T	U	O	P	O	R	D	T	Z	C	T	R	E	C	L	K
N	A	I	L	A	R	T	S	U	A	C	Y	X	U	V	U	G
C	N	O	I	T	A	T	U	P	E	R	Z	S	P	V	H	P

Solutions

Puzzle 37

Y M C Y W K A T L O V A R T V C
P D O A R I D N A A R V P R S A
Z Z N W S P L F E S T R A D A G
W N N H V S E L Z N F L L G E H
V C E J H R I Q I N E O B A I O
Q F R L J F F D O A N A M W E N
L L Y A B N G S Y Y M J R F Y I
R U D E R R N V E E A S D N P C
T O O N P E I R Z N L G P C V A
N S O O V D R W E L A G F Q R P
N J W E Z I P S I D I M H H U B
J N T S Z E S M W L F G K X T H
Y S S P V N A J V D C O H C X V
F Y A W M H J T V Q Q O R T A C
L A E W E C U D A N O B X D O H
J W D Y M S Q R Q K C G W W P L

Puzzle 38

T F Y I J N I K R I B D J E G
J S A N E O P L F U P E D G J
F Z X I A S D H U T T O N R L
P T O L T N R E G G A J O A A
W T A L W H F Z V N Z T S Q J
W E A E I O F J K U I K N U W
K C T S G J V U M C E K E W P
C W T S G U H A L S X N R Q H
S A K O Y J C H C L E W E I F
Q F A R E G N I S A B L B D B
P A W N R A T S R E M O S M A
A P S A M I U M C O R C Y C R
F E W I V I D P T N H A L L D
N Q V G Y A W G N I M E H P O
X T Q F J N F R C X C T P C T

Solutions

Puzzle 39

M T P F U R E O T N O M A L X T E M P E R R
I M U K G B S R K S L A S U F I Z L C C Z C
R O A Q L T U J J V E C D X H Z V L X T U G
G Q X G S R O S I H Z C W L L X F V R U A I
Y B L N N E H W I O M G O D O B B W S X K B
R V S I Z H G M D N U Y G N I D L O C S N K
U N A M T T N R W M E G N I D A R T K G X M
L H Y O S S I Y U B H S S B C H S T F L Z N
O V V C A E D M Z M H Z S B G Q A U D S F H
U K E M U T R M W P P O E P V J E N O T I C
D Q O I Y N A U G G W Y Y D A R G S D U L P
D A T H G U O D T L B I C K E R I N G S D Z
N J V T L A B G C N P I C K U P T R U C K H
F U K E J E A I K Y E Q Y R C U A N T H D I
G N S B Q P V B A L Y V S W X V U G E M F S
C K A A M T B U B T W T D T A A C R W R U X
L Y F Z T A V O O U E X P A X C J W X O S T
M A F I B Q I Y N K B V A T S S L J R Z H Q
T R E L A E D K N U J U L U S I M O O Q E E
R D L E P P F I U C E F J A R E M Y L P F L
J A J S N B R C H I H F S F W U M R K E K O
W L M C C T W S F C G N P N H B P X B F T H

Puzzle 40

Q K H C Q B L U E T I E L X X E U Q B A
T B K P O J E L I B O M T N I L F R B Y
A A Z R T B U B M G B U D J H E Q O Y X
C M L G C U V M V Y L M J H B P X C D V
D M R S L A T E P C E B N E X K K K R S
E B Q Y N C N D D R N N N P R S G P U Z
H A N S R O B D E R E P M E T T O H B A
T M F E T R I W A D S H S M Z K G O P I
O M O C I O A X V D Z U I B J C F N P R
O B Q P R G N U G D H N U S N X W E W F
T T R X G V H E Q L P I G E T R H P K C
R Q I A Y A B B A D A B B A D O O F X A
E B R B X Q V V O G D R U Z X C R L E Q
B Q A N K R F F L R E O U A H K E I O Y
A C Z G N I L W O B S W Q C O V S A C R
S U A E H T O L C N I O L R O I M N I X
C L T E J Z F Z A D R M W O N L X K X E
Q O U V F Q H F B N M L F C I L E P L X
Q H T S E L B B E P A Q Q W D E X O M X
E N Z A V U P C N R O B B U T S F C T Q

Solutions

Puzzle 41

A J Y E R F G R C N O Y K V Q
F I T N G E L O H C I N C M Y
O A C G O A N D E R S O N I N
S D W P I S Z G B X N R Z L P
T B O J D V Y M A M W U Q L U
E R Q C A L A T C W S B N E R
R E I R G C I M H H M M A N E
N W O R B I K H A C K F I I Z
Q K H F E N I S C P V E V T L
S W O S R T B O O R L Z R R H
S R E H T U R T S N I L X E R
N P F D U M H A P C P A C B D
T E S S I B R I C Q T L F S W
A M Q C B N K E A T O N X V Y
X P K M T A W E T K N Y E D M

Puzzle 42

F M Y B S W U U U Z B H H Q N I Y G E K
R O S E A N N A D A N N A V G U V S E R
E R O L M S S R E H T O R B S E U L B A
N R O V U T S C D Y O R K Y A P S R L H
D I T U R N P O J I L Q N W D F N Z O S
A S H V A I C D M P L O B E G J M S R D
R C E N I H S A Y A E D O E W H G O N N
P A C C F S C V D U T X N K S M Q R E A
T H O P U U X I M L S I R E R A A T M L
F F N P T L R D Q S O G C N N Y H N I D
K T E K A E S B M I C U V D L Z S C C X
V J H X B B E O U M S L F U R J S L H V
O W E P A G W W Y O I C V P R I G J A U
S B A E M A P I D N V J E D W F N A E N
K C D J L H A E D P L I L A R U R K L I
M Z S P D B I H E D E C R T C H R P S T
U A C F C O M E D Y L E G E N D S L Q R
S K T D G E O R G E C A R L I N S D L U
X X Y X G J Y C D K F P N T F M S R H C
C W F H O N B R I J F M A V R M Z Q R C

Solutions

Puzzle 43

F Z C X O E B J L V Z S I G J S Z K L M G
B S Q H X Y I E E Q W M K W N E W K P M D
W D T H E S H I N I N G Y L X F A O I E D
I J M O W O F F I J B K A X N O D U R F T
T A Y R R M S A T N A H P Q W C D Z A P D
S H I Q O N W W N H K P W U B T D C N M B
A Q F R E R A S E R H E A D M L C V H L T
L I R L I N R S S N J T E N N C P Y A C F
I I G A K P Q O E L G P V F O K S C M S P
V F G M L C S L H E F Q T B H P K A K F E
E W V B J A N U T E I I H P R C K Q M M O
Q U M Z A L S E S N L W E B H I B A J S B
J P Z R W I G I M X O L V R E D E X N T L
D F K J S E F O D O S Z I R Z R G L E X C
H D H T K N D I W X E S S V D U D Y E A X
T H E E X O R C I S T H I H Y E H I W M A
C R W A Q D T V Y M U U T N E T R Q O Z H
S Z G K L S E D A B K A O P W R I U L C D
T R E A I P X S I W E J R L A C Z M L P B
I N X N Z C O J C D Q E L C V Y A T A K R
C L B R Z H K N M X D K P Y J N I B H L X

Puzzle 44

D Q O O C M C R P R E N K S R A B
F A B E R C O L L E G E C A Z E D
G R I D I C U L E G F S O E S B M
D Q R I S V Y W Y O A R G W Z U E
V M A N H D X Y T R A P E S U O H
S R K I W C D B C K L E N G V Q Y
R U L A H M U A K Y G A N H F T A
E S B L B S S A T R I I V Z W T M
M E Y V A M U I T R K D N I W Z S
I S H F E C N L A A K A S Y R K Q
S B C S R R I T E L T B T R C P C
C N N I E P S R O B E L J W A G N
H E U T E T B I I G N M E O V C G
I Y A P B E P N V T A H V D P R V
E R R D L I W J H E A H O I S D B
F Q O U X Z S X X E C S A J H D K
W P R O V O C A T I V E W L H S W

Solutions

Puzzle 45

```
W S P B E X A C W H C Q D Y Y B G E X B
S X S J Y B Z W V K Y X M K J Z N O W A
A U T X Z A T T T L W A Y S I S I A Y Z
R V O H M B Z P I D N U F G S X A E Q O
W S D I S B K L P B Y X P J X J N L U O
A H K S C H A R M S B L O W P O P S I K
X G A Y K I F J D L Z M V O H L V C Z A
L Q Z T M I L H L K K N Y O M L F H B G
I M N A C F T B W S F Z T N I Y K I E U
P Z E G P H C T B O T I O B S R X M A M
S V C Y N E A L L U B R N Z P A U H P K
Q K C C B C U M M E B O A L A N W R M V
S P O P G N I R A R S C E T C C U O Z Q
O I W O P O P R O C K S R H E H R D T T
X A A N H Y U V N F A X J M D E L V O W
I W F J E L L Y B E L L Y S U R W E Z K
S J E Y F F A T Y F F A L O S S A S K A
D A R S M A Z I F U H I T I T U V L D R
H Z S E C E I P S E S E E R T P Y M G B
E Q B E P D Z V J K T D W V N H O F R R
```

Puzzle 46

```
O S Q Y L O N G H A I R A C N F Q M
F D P T F M S U B D P I G B I F G F
L I S L U X I I O T S P S E T T Y N
B A K K N C I H U B U N D Y O R F A
O R C C C I R T F I P C O G P A P V
F B O T A I K I F C P G L T K I I O
H U L S V S L I A T G I P W N H B I
L H D M G V E F N H M O X C O Z R C
B T A I A N Q T T M G V M I T B T G
A U E D H I A F U T U A T D E Z K P
X C R D S C N B P V E H H P W V L U
V T D L Y O V E D Z I C T S O I D K
Q B M E S C H G O E I X W A K M R L
W C U P P X A D S R G A C A I M T K
I K L A Y E R E D B A N G S F Y C F
A W L R G Q H W D E P M I R C U N K
W V E T U Z S M R E P Y L R U C D X
W E T B G R D E R E H T A E F E I E
```

Solutions

Puzzle 47

```
B R A C E L E T S P V I T E I E T G Q
B V U C W K Y V T C E L F E D X Z X D
M G K O K M Y T F V M K L S V H H W K
P R S N Q J S C I T O I R T A P C L S
C D S F P A F V G L Y S H I M O M R B
A G E R I W N K Z J A G S C B P I T P
R A N O H J E C I T S U J A Z N R I U
I L L N S E W I O M S E Q U L A T U B
C V U T N S E C R E T I D E N T I T Y
S A F A E N A L P E L B I S I V N I D
Y N H T K T M S T L U O F L D R I O D
M I T I N K B V L X P O S K U R D J B
E Z U O A E U U O A R W Q K E B E O W
H I R N L L A P W M R S N T X V C J Q
T N T R B P N F A J D O R J V Q A R T
X G Z D F U A T D J G A M T Q Y T T L
C I T A M S I R A H C R Q W U Q O H Q
A E J J T O D M S E L B O N F E W F R
I P V L N X E M P O W E R I N G G R R
```

Puzzle 48

```
S P A C E K Z V F S O J Z P L W Z
F L Y M D M V P J D F B L K H B R
S A I N U Q I D X I Q L S N X W X
P Y Q S S A V G R V S O H W K P E
N E O L R U R E S X X O S B M M M
F R S R K E O T N B Y N N F G U I
H C I T T I W I A G L T E Q E P S
F L S R E S D O G P E O K Y F I S
O O E E R P E H P I V A O E S T C
U S N V A Y H D Y N L B N D O O O
T E I T G C K E I R E E L C R R L
C T K R R U B C N E J D R E E M L
A F E A A B F E W K R W D J G E I
S D L G M H U M I L I A T I O N N
T E E I J E W P R O M N I G H T S
C I T C A M I L C M M K G C O E R
Z I I J Q K C N Y V Z G M Z J D Z
```

Solutions

Puzzle 49

I O C E L I D S R W U N D U F J X T U X H

A F V X X B S T O O B O G O G G G W O A J

E J R V O C F A I J T S N A E J E E L D S

F U Z Z Y B E A R P I N S L H E Z Q Q C O

L W V P X J Y N M P L V Y A P S I T Z H K

R E R H U K T R U E U G L U J Z Q E E O Y

X N K O K X U S L T Y L L T A H S L C P I

W A W T K B T U F E O S Z W T J M E D P U

J T F O L K C E D W W H R N P E U P A E U

D U V B B N Q D E Y A E L C T D A H M R G

Q B G O S U O E I K L A J R X P J O C B S

X E Y O V T N S J Z W E A D E Y E N R I O

E S M T D M A N E N O D A R E H B E I K F

X O T H A E Q E D A I A D R X K K B N E H

L C F S Q P U A S O T O Y R T L C O L S X

K K K L D E R K S A L B N T A H W O E J W

O S Z O K T F E P L N P E W I K S T L H S

F F D F S R Q R S L R A Y L M C S H E G H

D O K G V O F S G X X B N A T P E K O L H

R O G P J C A J V K A N Q A N S E L X E Q

J P E T N K D L U B P E I R B B C S M Q S

Puzzle 50

H E X R L Z X X M V B B X G P V F H S K H

M I A L I L R B E A N B A G C H A I R O O

I D P S U A B I L E N S W O L P X G R H A

C E T V H V H M A O Y A W B C U A I I N F

J B L E W F M C W H Y Z Y M N H A O A V R

T R M B N H L I K L C M K C H H P U E M U

R E N T A I A A B C P E E F C H I T G N M

E T M G I T B J I O O M M R U C Z L N E X

K A Z E Z S S A R N E C E A F U J G A A I

C W K L J E B S C S O V A B R O U B S M F

I R O V D C L A A O E L N E U C U D A E G

W W T Z C T U W L L E G O E P L A W P S T

R Y R S E I V J I E G R O C H A D M A L V

N P A R Q O M T Z S D D E E L R Z Q P O Q

P N C I Z N N F N T B O E T G O X O U U J

M R R A N A A A Z E Z L O K S L N A Z N H

L H A H C L T V T R A Y S W O F U E B G G

P I B C N S C L C E A Z X B T M U B D E D

R Z J D R O U N D O T T O M A N S A Q R C

U X D O H F M R C S B S U W F V E D S A O

Z F E P L A T F O R M B E D Z V P B C V F

Solutions

Puzzle 51

D W E C I Y M G S R R D Z Q X H C Z G E
M N L M Q T I D E I Z U F L H U V A L N
M G I X D F N O E S C C I D G V V Y N I
N R E H T U O S B K Y A L Y C P E V W H
H V H N A N I E O O G O O D O L B O Y S
S A Q O F K T E C I T S U J N I H V U N
Y T Z W L C C B J A V R R N F G B N C O
G G R Z G W A H E E Y S O A E Y C T E O
E V E O A L W Z U D S T S P D L S W N M
P A F S H R N L I E D U C N E V A Y M F
C E U A X S D L E S E N O J R D S S W C
N O E N R B M C T E W T E H A C D V T S
O W R A B J Q I O A L S G I T Z P I U M
R G O R F O Z L N U S S S V E R W S Q Y
W A L T U O S U R E N Y L Y F S U W X H
E W M F E P M S G I D T E Y L L A O N L
D I N F D M T L H A B O Y L A V I H C D
J E Q Z Y A O I U O Z B H Z G O D K C T
S Z Y R J P I H O O G B R V O U M L Q U
S W E E L L A R E N E G I N Q Q G C Y L

Puzzle 52

A Q R I O M A N T A I V E G R Z O B
L E T J F L K H E E O R T A R G O E
T C G F G L N S V B D E N I R O F K
S I S V I J D I S V E D A I A X D C
T V J N K H O E X T D T L M M K V F
T R M S F L S D A X A E I O O F D Q
I E I V E S E T I P T U G H C O D Z
R S Z N I H S L H E H A I A C W D J
F T C O M L D O O G F O V W R A T Y
E E N A A D F N P Y I O R K Z N Z Z
A R E T I G E E K N H N S I X B E A
I C N O E N O L A S I V Z T S F H G
N E D T R A V I S B I C K L E M K G
M S S F Y G Z N O D T N U D W R S B
O N F T B T N E W Y O R K I M I X I
S Q Q D W B L S O R C I T A R R E J
N I Y D Q G I S N C X E N P D T R X
I G T S C O R S E S E W B X W R H L

Solutions

Puzzle 53

```
F T L B U O E F R I N N K Z S X P G E S B W
D E E R U T L U C O C S I D C A M W I K E S
F S G P Y E T S W R G P P R T S Y L A W A P
V T A H M J F E H A S S E L O U R R P K B X
X T T X F N O E B A M N M K D P S I O D O E
Q U S Z Y Z S U Z Q N F B X D T V S L I R M
M B O K U F O N B A K E L H U F S L L U T M
W E H J D R R G C Z T Z U R Q I R A O W I S
N B S J J W C S W A L T M A N R A D M J O I
X A C N Y L I A M O L A R U G U W N I R N X
V B I I N R M A V I A K L E U Z R A S J R G
O Y P X M I X Z K C O R K N U P A C S U I C
I E M O R D N Y S M L O H K C O T S I P G D
W R Y N F R G Q E P W E H I T D S E O C H C
M E L V I S D E A T H U X L N O W T N B T A
U S O B E A T L E S B R E A K U P A H A S I
S N L D E B U T M U Q M X E I F G G Q R S D
A N Q R A W M A N T E I V C J H V R N C J N
V S N H V R W A L T D I S N E Y R E S O R T
O M L U U F K H V Q K D R H O T Z T E D L B
M E I I U S A B I C E N T E N N I A L E J F
Z W P Q U C G W B A Y U N U Y A G W X B B A
```

Puzzle 54

```
V X Q N P L O V E L Y D A Y Q Z B M X F R
F Y K W B W E L I M S E M E K A M T V C H
H O F S S I S T E R G O L D E N H A I R J
I U B F E B B H S D W K O F D G W P N N T
M N B A B E S L M S H C Y B I P Z Z M D J
I E G M T Y S D U O T O W N P X T J Z N Y
V E U K I A J S U E U A O M C Q K Z U G H
H D V Z T C T A P R B T Y R U W D D J Z L
R E W O E M W I S X L A X T C K N A F P Q
H D T D L F X O Y U G F Y W O Y U A U T A
N M T R G N N T F Y W R D O H G P R F N Q
N E W I B G I R C L U Y A T U U E W H D E
R G F B D L E N O L F X L C P L O T H H K
B Q V G W D E X I G O O Z G O O F G H M Q
V L G N N W X F F L D S E V O L Y M C E K
U I F O Q O L S I L L B E T H E R E M R R
Z N W S E Z C Z W B M A N T E I K F D S N
R O O D R I F T A W A Y F U O Y D E E N I
L T F I Y F V C J G G N D F E Y S G D Y Z
K P F Z T A V E N X D R U H Y V O S Y K W
E I Z E I L E Q M H K M E C Z X S U Y D C
```

Solutions

Puzzle 55

U	W	J	U	J	J	G	M	K	V	K	N	P	K	M	C	B	S	P	O
E	F	N	H	M	C	N	B	A	F	M	Z	O	H	I	M	X	E	X	S
P	Q	L	A	H	E	L	E	N	R	E	D	D	Y	A	G	Z	K	T	B
W	K	M	I	V	S	R	Y	D	M	D	O	H	C	F	O	Z	T	D	G
B	C	S	L	P	I	W	G	G	J	Z	G	D	F	H	O	K	J	M	X
B	Z	R	R	E	W	L	F	R	F	K	A	V	A	Y	D	P	N	I	Y
I	T	O	P	E	V	I	L	J	I	V	Y	L	R	M	T	Q	W	K	W
D	L	B	T	Q	T	V	L	U	I	F	D	N	Y	L	I	D	G	E	S
I	W	A	S	X	C	L	G	S	S	U	F	W	W	A	M	H	I	D	L
C	J	N	O	E	U	H	A	N	O	D	L	I	H	P	E	G	Q	O	I
K	R	M	R	Z	Z	C	H	W	D	N	E	F	N	R	H	V	M	U	A
C	E	I	F	C	N	O	S	R	A	C	Y	N	N	H	O	J	D	G	S
A	D	J	D	D	E	A	N	M	A	R	T	I	N	X	U	P	N	L	M
V	Y	M	I	K	E	W	A	L	S	H	A	R	D	G	R	W	M	A	M
E	N	B	V	V	C	Q	L	D	M	F	H	B	Y	J	P	V	B	S	R
T	S	S	A	P	P	P	T	J	D	E	N	A	R	C	S	E	L	K	N
T	M	I	D	N	I	G	H	T	S	P	E	C	I	A	L	C	Y	G	Z
H	O	U	J	S	Y	B	K	Z	J	B	E	P	O	H	B	O	B	O	B
U	T	T	J	F	N	T	D	B	T	W	N	N	W	E	Z	X	Y	Z	A
R	F	E	C	A	L	P	S	H	A	N	I	D	W	O	Z	A	E	B	Q

Puzzle 56

H	T	K	Y	M	N	E	I	M	A	D	Y	H	Q	L	D
K	K	P	P	V	I	O	L	E	C	G	X	F	G	Z	J
F	R	C	O	T	L	S	A	E	J	R	O	R	N	K	K
Y	A	U	I	D	P	G	C	N	D	R	E	O	I	C	Y
U	M	N	U	D	A	W	I	A	E	V	K	E	P	E	R
R	H	S	S	E	H	P	G	B	R	F	O	K	P	P	E
V	T	E	C	V	C	Y	O	B	L	R	S	A	I	Y	T
C	R	T	Z	U	B	D	L	T	O	L	I	L	R	R	S
L	I	T	O	M	I	N	O	U	S	C	N	A	G	O	A
I	B	L	B	N	S	N	I	Z	V	E	I	U	G	G	N
J	X	I	G	G	N	I	B	R	U	T	S	I	D	E	O
S	A	N	T	I	C	H	R	I	S	T	T	S	E	R	M
A	O	G	J	Q	L	V	X	Q	B	L	E	C	I	G	X
H	Y	C	I	N	O	M	E	D	E	S	R	U	C	O	Z
I	K	L	A	R	D	E	H	T	A	C	J	Q	I	S	E
R	E	L	I	E	W	T	T	O	R	W	Z	F	N	B	H

Solutions

Puzzle 57

```
N H E S T K D D L V S E G K O R V O E J I L A
S U N W E I G H T L I F T I N G S O V M Y B D
V N F I L W N O R I G N I P M U P N E G W W D
F V O R M X E R B E J Y L C M S J D D O G A W
J J N I Z T U A A S G T Q O D J I S L Y H L Z
Q Z D C T J O G G I N G U W D C S T P G A E S
W F W D I A W S U W N G E I I F S A G O Y C B
D J P W A C U U N A V U U N I C M T L A F O U
A Q A F H N N L W A L N E I E I Y I L M X O L
Z M C Z M I C A A N N B G A L Z G O L K H P C
K C U R Z V E E G V A C F T G J R N C U R I H
Q J C I I E T O C L E A R H R U O A W W T L T
Q Q B A H G R S L A G S I O U E O R W H Q A L
V N A L L R M C P N R C S M X Q D Y T H I T A
I A L B V I B Z I L X D K E H I T B R M C E E
F H U E S H S H O S D T I W N T U I X A Z S H
B W P F O F C T J U E A V O S T O K P G N F B
Q Z Y F K T G E H Z C I S R V K I E G W Z B F
M J B Z E F A J G E J C J K C A I F O H A D L
X N K R X M E R T M N H X O H P F T O L L S Q
E Z T S I S L C D S A I V U A P E M L N S S K
Q S N X C I P Q F S X M C T Z C N E C B D L D
U T A U R E N O V M F E I S B C T I A Z A A K
```

Puzzle 58

```
M L D T P O P C O R N C E I L I N G K J C
M P M S R O R R I M T S R U B N U S W N A
E L O P T J M B B O L D F L O R A L X I I
S G O S N I S G F I J D U Q C Q D D L D B
E X R E A G P F X T T U L R X D I A I E C
N Q G V S R I N Z K S E L Y T S D E X I M
O R N L N I E S O A I N X Z C F R C A W M
T B I E H B D P E I X J T O F P S T R E X
H E V H T L L C A D T O B L T T Y E M Q E
T A I S S E P W Q P R A O K N G V A U Q Q
R D L C P N P F N V L A S A Y A F K M T T
A E N I Y S J R E L T L L R M U F Y M A X
E D E T K B Y F A I E P A U E A B D W H U
Q C K S P O T C N C G G H W D V R K K A N
B U N A E I C G H N G L A L T O N X R G W
F R U L K E S B I E B A I E A E M O Q D V
P T S P N T O G K Q D X H D C Q V R C T R
L A D T A Q N F M O A E T S J A D L X U V
X I S I F A U X W O O D L B N V P X E W W
W N R U H D I T Y Z O E M I D K T S K V V
O S M B I V A K A B S T R A C T A R T G J
```

Solutions

Puzzle 59

O	Y	P	M	G	O	D	V	U	L	T	P	X	A	U	A	W	J	W	S
M	Q	M	C	Y	Z	P	T	Z	Z	X	I	L	W	Z	N	J	H	U	A
G	S	G	U	T	R	A	E	H	S	P	A	M	A	L	C	O	S	Y	M
B	U	S	J	C	B	A	U	A	E	E	Y	F	C	U	I	Z	N	C	X
H	O	X	S	O	D	M	O	R	H	D	D	F	F	O	G	B	O	P	D
M	I	P	I	E	Z	V	F	V	C	Q	E	Z	T	X	N	H	I	A	U
V	R	H	I	G	R	O	W	E	T	C	I	N	V	V	N	W	T	T	G
I	A	S	A	U	R	D	D	Y	E	D	M	I	T	Y	B	J	A	E	I
E	L	N	W	M	N	G	D	K	K	N	P	Y	P	I	H	L	N	Y	R
K	I	F	E	I	R	M	S	O	S	B	R	R	U	M	S	D	O	R	F
S	H	R	W	V	G	L	Z	R	R	U	O	T	G	A	E	T	S	Q	P
L	S	C	I	J	U	G	V	M	G	N	V	X	F	M	U	N	R	K	Y
Q	G	H	L	N	B	C	I	A	E	A	I	Z	Y	A	N	I	E	N	O
V	E	W	X	G	P	Y	V	N	N	P	S	A	Z	H	I	T	P	S	M
K	O	A	V	M	V	B	C	H	S	E	A	M	T	A	C	V	M	X	K
S	T	I	K	S	K	Y	T	I	L	I	T	A	S	R	E	V	I	L	E
T	H	U	P	A	R	O	D	I	E	S	I	J	U	P	U	X	J	M	H
U	H	X	N	A	M	T	S	E	D	L	O	P	A	E	H	C	E	D	U
K	J	E	V	R	K	T	L	B	B	J	N	D	X	R	T	W	B	L	I
Q	R	Z	V	Q	N	O	D	R	T	U	D	B	A	L	L	D	R	S	I

Puzzle 60

P	R	A	N	K	S	T	S	H	L	O	T	S	I	P	F	B	E
H	P	E	M	U	I	P	K	A	Y	Y	M	Z	H	H	T	Z	Q
L	U	H	T	K	F	V	L	T	R	A	M	S	T	U	O	M	P
N	L	V	I	S	R	Y	O	S	E	M	I	T	E	S	A	M	H
R	J	A	O	E	E	B	F	C	N	N	F	U	O	H	R	S	Y
A	G	L	C	U	L	V	L	R	B	M	K	T	N	X	E	W	R
Y	Y	S	C	I	U	B	L	S	T	I	W	T	U	O	N	H	A
X	D	S	O	G	R	W	A	Y	I	S	M	E	J	G	N	L	O
A	G	E	D	R	F	I	S	T	S	C	W	R	N	I	U	F	H
C	H	L	P	W	X	C	T	N	C	H	H	I	E	P	R	S	I
Y	G	E	U	Q	D	K	A	A	N	I	W	N	L	Y	D	B	L
N	T	M	S	C	P	A	H	R	S	E	D	G	M	K	A	M	U
X	E	I	T	G	U	O	T	B	Y	V	T	E	E	R	O	T	H
D	E	T	A	M	I	N	A	I	S	O	O	B	R	O	R	N	Q
F	U	Y	H	R	R	E	P	V	E	U	H	I	F	P	P	U	O
S	W	U	W	Z	Q	S	I	E	W	S	F	E	U	W	N	T	J
J	B	K	I	T	W	E	E	T	Y	B	I	R	D	C	T	U	H
K	J	X	A	F	K	C	U	D	Y	F	F	A	D	O	O	R	C

Solutions

Puzzle 61

Q S N D U V C W X P R Z Q T B T V A C M Z W I
Y R R E J D N A M O T M P M N B S X O I D R C
E E Y Q R T V N Y Q Y M I C U E P S P T S L R
H G R C Z H S Z F K C K E O L F C N G V S K P
W O H S T E P P U M E H T G O H F D E H X G H
E R S Z S E P A D D I N G T O N B E A R B G D
D R F V Z L V Q I Y Y U A O E U A W A N J T B
D E Y T Y E F I L A N W L V G K W S A J P R A
S T L I M C I Y F S C H J S M D H M S P Q E M
W S T A A T R K R N O Y B A P G E O N D X B G
M I E M Q R T O C U O U H J B V X Z O M G L V
C M X M I I T B S U N S G G A B L S S R U A O
Z F O J O C A E M N T M K C D N E P T R J T N
F U B O O C R O Y R X C N C H S I R E K T A T
Q S Q D V O E S H K D I D L A D W V J G V F A
V B R J C M C H T G A R K M E J S Q E A B F D
A B G K I P E A Z T D U E R B R B V H Z W N M
D W Q I N A Y Z P S M S W S H V J P T P X R D
Y C G H J N V A X H T O D U S F S Q R R W G A
I R K T O Y C M G R M H G U T U B B Y Q P X L
V B V B R W R W E A J O I B E F P T R Q B D D
D T H E F R I E N D L Y G I A N T Q V Y P G B
K N G H H C T X B C S C O O B Y D O O D W F C

Puzzle 62

C T N E W X W V S X I I Y H W D G A P X Y N U
H N E D Z A H N P M J B B M M C X C C J Y V F
Q I D D E N I M S U I T J D C A I O R N P N P
G R G H T R T B V O S J Y T Q H V Q I W K I U
V P A H C K E I U B A E H P H Q J H M L S V K
L L H S W L N D U C W O I Z Z U S F P M D Z O
T A D R J A O A I S F E P N N N L C L K R W V
J R I M Y M I P B O D G P L U Z L Z E A O F A
O O S N N R S S A V R E I I L L O R N K C O R
D L C K Y O E G T D D B E I I I W H E F E M E
I F O I S C T H O E I W M W Y N M Y S D R K V
I D B H T M V J G H D M O E T Y S C T O L C E
F U A F C D S N V O P J V L W J M E O A Y A E
N J L K A R M Y J A C K E T L H Z E C R N X L
S B L C D E L V F V M E M A L I E W K X I C S
T Z F E D G V I I P B F E Z N F P K I A V M Y
K W B N D F L A R E P A N T S S Q Y N M I W F
G A I E N I S L G M G I T K U Q B D G S U P F
G T U L B N K N E E H I G H B O O T S G J W U
S W M T I H N Y R S R S E O H S P U E C A L P
W S T R O H S T R O H S M L W D A H M F F H P
Z D W U N K J H B F B W N R A B B I T E A R S
L W E T U V K R Y A U K A V L N T H F W V Z J

Solutions

Puzzle 63

```
Z J G C R N S I B L I N G S J A W
R T Z H P W T H X Q S Q Y O T A L
S X T T U G A T C E T I H C R A B
T E C A R D I R G E R A U Q S H Y
A A N A Z V R T E C A S T O Y N W
T G L T Q U C D Q I D U Z S D W Q
I W L E I J A V J L I O W G A M A
O Q A I N M S R W A T I A O R O I
N P B D N T E W G H I N A O B T R
W U T S E N S N F S O O L D E I K
A G O R U D O H T P N M V N H F Y
G Y O O E S N C O A A R E A T Q P
O G F W E G I E E W L A J T G M Q
N W G M I T I P L N E H U U O L Y
J Y E R E H C T U B T E L R A M U
J H M H Y Z M Q L I Q R E E D Q E
T W R F J A L Y L I M A F D G D M
```

Puzzle 64

```
L B T O R E V I L O X G F I U F C Q J
Y N M O Z A R T A N D B A C H F S Z F
N Q P P K X P R E D Z C B Z S L E I Z
P N I W A J P G N V L O O V B I I L N
S Y N O M S F L O D O N C Q Y C C G L
A L S R A G A U N I V N E V Q C A E M
C A P K R N M T A D E E B A E F C C R
H N I I D B I E Y F A C Z Y I V I B O
I O R N M Y L G R F F T E S M L R L M
F I E G T S Y X V S F I N H P X T T A
I T D C Q N D F E K A O H L U N N L N
C O K L J E Y G P F I N E D Y Z I Y T
E M Y A P K N H H T R X S S E N L L I
F E D S N E A O A Q I G A B E C N Z C
G H E S L R M R K T F Y K T U G K E D
Q R D L V R I B I T T E R S W E E T J
Z Q A A I P C E A S N T D K M D H K H
H H R Z S Y S O R R O W M Z G U P U G
C D T A N V G N I T A K S E C I O U M
```

Solutions

Puzzle 65

Z R T Y U O Y N I V O L A Y X E Z W L
B Q P C L U U T H N Q C I K T O P Y C
V A M U F I F B P J O T R N H N R N J
B N L P G W M R Y T X I E P C W E O T
U I G L F N Y A E Z E H H E X U T W U
L V R M E E I F F E T S Y S U B T U W
D O M Q A R Y W R E M S P E A E Y E U
W L L A E E I Z O R N O J X A F C T D
Y N R H L L R N D R F I V O L U H V U
C U U A Y I Y D A T G H H I F H A D D
Y S C W T O B N N U G A U S N N N Q Z
B Y K A S S H U Q E W W J C N G G I D
D J C I N D R E A M D A T E W U E H Y
F F I I K I F E U F K L E D Q X S Z P
E X U A L S X T P S C G O G A L Q G F
D I Q N A C G E T U P S N G O V V W F
P W C L W O T C R Y S T A L F E H A Q
G U F T O J S P M W R Z A R M X Z P O
K T Z Q E R E P M A C Y R T N U O C W

Puzzle 66

W E E S M I T H D T F I Q G
Q T C I P X R C C L I N E J
Z I M V F A C V I H T S E W
E J H A P W R O X E V R T F
J P D D N X D T L A I M T A
V E U L T D R I O T A U E R
S M M A I U R T N N E R N G
A E K A S H C E W N O R Y O
B P E N I L C K L Y Y A W T
X B A L C M L R E L L Y V R
D A J J Y D R S I R R A H E
W B P N D S H E P A R D U E
Z G A Y L E F O U D F H A L
R M R J G B C G T E G B X K

Solutions

Puzzle 67

T I F E C E Q G N I Y F I T A R G
Y Q P K V Q N N T W I S T S G S U
S J Q I P G Y I E D T G P L G R C
P E K L Y X N Z G Z I J F B P U A
L G T M K D S I V M Y W W P C D L
A H H A G U H R T F A N C I F U L
F Z E E R U I E M N W T T Z I G U
Z J B R D T E M N C A O I V E E R
V U E D E M S S I A X H N C K O I
E A L W L G U E T E L H C R T S N
L R L J L I V M H S F P A N J E G
Y E S T I V Q V I C S O A I E R B
E S D B F R Y K H I R W I E P I V
B O N C L R H H K R M O Y J S S N
T R V H U B L C M P A O T V S E U
E T L R F T A T T O O H Q J X D W
O F D A L L E W E R A F E C D U L

Puzzle 68

O K E T U A Z Z C K N S G T N W M O T L X M G
Z V A Z A F L U T T E R Y E Y E L A S H E S T
P J F L Y C Q P C L F O M R W K E V A U C E D
O M B G O Q J F P Z V J P Y E V G B L U N X O
Z T C W N P K H V F L I B O B N U H L W A U C
N D S N B I P D P O F A V K C L H Z Y L M A T
E M I E P E T O H H Z Z A A K P I M B E R L O
N P H A M U E A C N O V K T C W I X O D O L R
G K N Y Q U R S V D Z F A D A I G F W Q F I A
L F K I R N T S U I R K P I K A O M L D R B T
I I L I J L S S U O T O E E L W U U E H E E E
S L R S M Q A J O I H P F V K S H L S Y P R S
H T L Y T V O Q K C T G A S I I H H U Z T A Q
L P T E M R A N U T E M N C I U P O B U N T I
E Z U X N B E G R P T T A I G C Y S K S C I M
S Y R U S N E B G G L L I M D H N Y Z B V O O
S E M B B F I H O P D V U S I R W A H K F N C
O R O E F L J M K R A T E I I C A T R G O A E
N L I R P J R A A R N F T Z J U U O G F Z C A
S D L A E F M M T Z G A L A I P Q Q B K W B I
H B Q N L P A Z E O I L I N T G G X I Q C J D
W B G T Z M C F K S E L H R C R B X E T Q P M
J V W I M D I P T Q G U O A B L N I L R E B A

Solutions

Puzzle 69

D	C	L	G	M	U	N	V	Y	Y	U	A	I	P	I	I	P	J	H	W
C	C	X	R	E	Y	N	P	S	U	J	R	K	Y	G	G	C	F	E	Z
H	M	S	C	U	A	P	J	O	P	C	I	H	Q	O	Q	H	Y	S	O
E	S	X	T	C	G	H	A	G	P	T	W	I	Z	Z	L	E	R	S	Y
E	A	I	H	E	G	C	L	S	N	A	C	K	C	A	K	E	S	L	N
S	H	O	C	T	G	Y	J	S	W	A	D	H	B	S	B	S	M	M	S
E	S	P	C	O	L	G	V	F	V	U	T	O	E	I	N	E	S	L	D
B	R	U	H	C	R	S	U	E	K	U	L	L	S	I	X	P	N	Q	S
A	E	O	A	V	Y	N	Y	N	F	Z	C	F	G	V	T	U	K	N	S
L	N	Z	R	S	P	U	C	G	N	I	D	D	U	P	O	F	D	C	T
L	N	O	L	Q	C	I	U	H	S	E	G	P	G	Z	Y	F	O	S	V
S	I	P	E	L	U	V	E	P	I	U	K	N	Q	S	X	S	N	M	B
N	D	J	S	F	J	P	O	O	M	P	X	C	E	W	Z	N	U	I	W
I	V	K	T	F	F	P	T	H	O	J	S	B	I	W	V	G	T	J	Q
B	T	R	O	P	I	C	A	L	D	E	L	I	G	H	T	J	S	M	I
P	F	W	N	R	O	C	P	O	P	V	Z	M	E	R	C	O	X	I	C
B	R	I	C	H	E	X	M	I	X	A	B	D	V	N	A	B	N	L	P
L	G	X	H	L	H	H	N	G	O	L	R	O	D	C	F	Q	W	S	X
F	C	P	E	Q	J	H	N	S	S	G	O	D	N	R	O	C	P	G	C
O	F	R	W	X	P	C	D	T	F	J	V	V	Y	H	X	C	I	Q	R

Puzzle 70

Y	Y	W	I	X	N	O	S	B	I	G	R	D
N	O	S	R	E	F	F	O	T	S	I	R	K
H	S	R	E	G	O	R	K	R	B	V	P	U
Z	F	G	P	V	T	M	C	E	H	C	I	R
P	Y	S	N	R	D	R	A	G	G	A	H	V
A	H	T	M	I	A	S	M	E	O	S	E	T
S	K	Q	T	A	N	B	P	R	C	H	D	I
L	U	M	T	I	I	N	B	J	G	D	I	A
I	P	O	B	I	W	L	E	I	Q	O	R	R
M	W	B	G	D	L	T	L	J	T	F	P	T
L	O	J	E	I	O	L	L	I	I	T	A	S
R	R	E	D	N	E	F	I	Z	W	C	S	Z
K	R	I	K	Y	N	E	L	S	O	N	L	W

Solutions

Puzzle 71

X D E T E C T I V E A G E N C Y K R H D A C

G S O C D X B S N X B I S A W W E N G F Q H

B K L I O K S I P I H S R E N T R A P Z C I

J S M E O R N U M L L I J V L T E M C P D R

V B C A G P S R O T A G I T S E V N I D D Y

S W G R R N F P S B O V B T A C J C H F J T

T M W W I T A R V R O P S J R W U H S E N T

S D K D P M I G N O E V T Q E A W H E N H E

O N Y O X E I A N W C O I L M F Y J L O T R

R U A A W H I N L I G U F Q A H H L Y H X R

X O C C E P V L A A N K T F C A P E T P S A

Q W R E N P A M R L R R U D N R S S S R R G

I W D S O U P P Y A S T O E E R Y S R E B Y

S N T O H S D Y S S H T S M D A E E I K J L

X M S P P Y K A T P T C U T D F J S A A I L

L W C S E Y A N N A Z E O W I O J I H E G E

P N H L L G K W M I D O R L H L O U F P U K

G I S E E J N W B F R E O Y L H L G R S G B

G O G G T H L P R W K B M A M E C S R U F A

B X S N D P R O G N N H A I U X H I N S E R

C D D A E E Q T N U T F L S F P I D P Z K X

N V H H R G V N I I A X G O S Q E T M Z Y K

Puzzle 72

T I U S Y D O B J T C R T N R L I

X P I E T H B V V O V Y P O E E P

V E O H Y N F R B G V L T I T X H

Y N N Z T W E D E E P S X S R L A

G K O W I G X K S N D J R I O U H

L B T L T U N Z K C T E R V P T K

C N P T N Q I E H R W G D Y E H O

S I Y G E O X I R O A O E A R O C

I E R V D N S N P T J L K R E R R

S G K N I E A R E M S W C X N Z I

E C M V L V E L X V U S S Y A T M

M L S E A P J V P G E J P R L L E

E S D E U H R A G Y W E H Y S T N

N O E S D M U S C U L A R J I A A

K C N O T S A C R I F I C E O M L

H C R Z F M P S P E C T A C L E S

O R M S I O R E H O E R I D T R L

Solutions

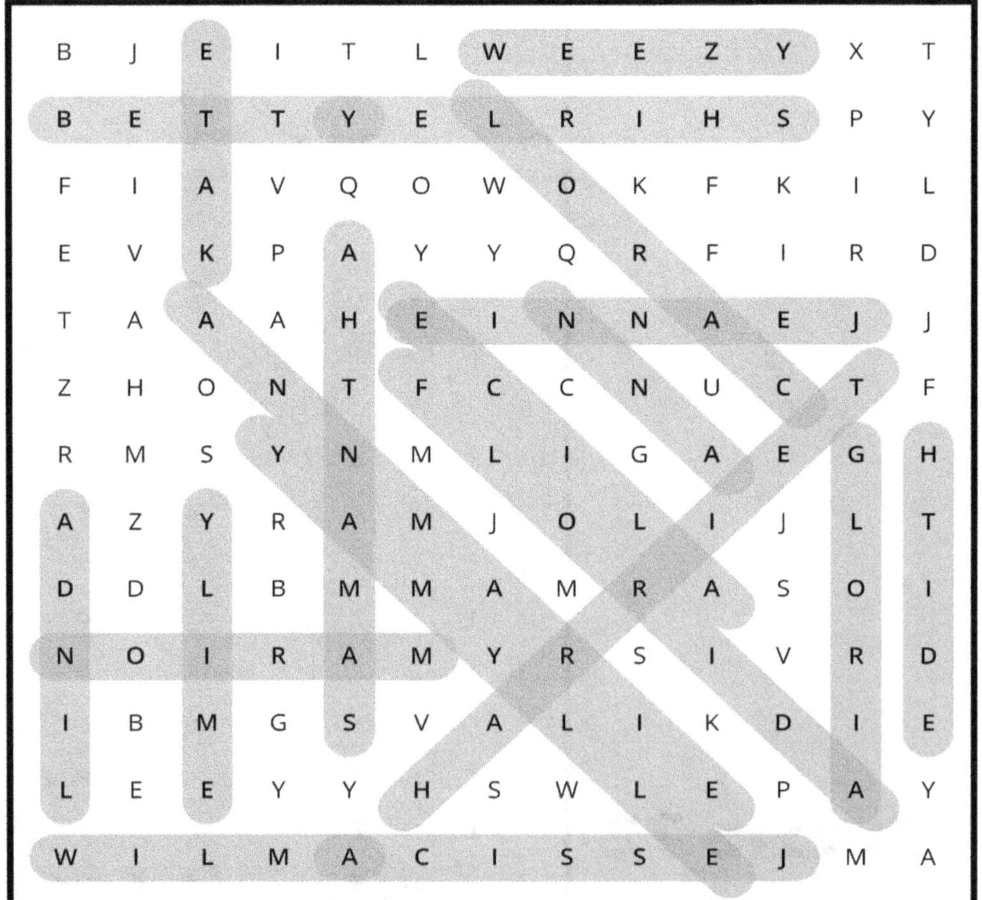

Puzzle 73

W T W Z F A M N T N I U Q E G R H
B R K V F G N U S L N P C H G G F
D Y U A H N R V B N U U V A U Z Y
E R F N A G V U L Y R T A N I T N
L E C R S G S E B B N F H W E V Q
A E H O F R B U C E U M I O M O H
R B A H A S E K M M R L K U R T Z
G D B T D R C Y Y M S H I K G M E
E R H N H N N D M O E W N T F P T
W A P E B E A Q N W R R D E L O O
C C C I S C R L U C A W I G Z S Y
H U O M E I R F A Y T Z W S L R P
Z L P A T V O H A J C L E S L R O
H A O D A C T N Q C H P H I B E S
H F F V B O K E N O E L R O C D R
A J Z H O H E O W Q D J P C N A F
X X I B R E G N I S N U M W I V X

Puzzle 74

B J E I T L W E E Z Y X T
B E T T Y E L R I H S P Y
F I A V Q O W O K F K I L
E V K P A Y Y Q R F I R D
T A A A H E I N N A E J J
Z H O N T F C C N U C T F
R M S Y N M L I G A E G H
A Z Y R A M J O L I J L T
D D L B M M A M R A S O I
N O I R A M Y R S I V R D
I B M G S V A L I K D I E
L E E Y Y H S W L E P A Y
W I L M A C I S S E J M A

Solutions

Puzzle 75

W H S N I P E R Y A O J X E Y B Y Z N
P Z H D H C U L Y Y B P B Y V K N U Z
T G R I T T Y T P U R R O C Q S Y C U
K X F S E R I A L K I L L E R P O W G
N G M X A V T S C L G R K D S K Q H T
Q L A W E N F O R C E M E N T D H X M
N S O R R W F L M M C T U T R E I W V
R E V O L V E R H R E Y R K E F J U A
M D F C Q K L Z A C N W P Y E I A I O
A Q P I O N Z N T N T S M Y T A C K A
C R R T Q P S I A Y C V T A W N K S F
H I V C N O V H L O M I E C I T S U J
O M Y U M E A L R R L B S X S G M Q F
I B N F E L A P J A D I J C E Z M P Y
A G M L L G I L T T Y L E O O O A X H
X B N A E O Y U B C M A C F Z J P L K
X G C L T M R V C R E N E G A D E O D
R Y L O B B W H G U O T O D N J T S H
X I Q Y M T R Q V L I E U N V Y G H S

Puzzle 76

O Y O U H B R U T A L A W H L L G B
M X X P B R U R L L A R U D K A K T
T X U T S A Y I W Z L A C T P N F C
B L N A F N O I T P U R R O C C H O
A M D T N D O T U T X D Z I N E E M
Z T E G D O E I H G A J L U D S M P
Y W R W H K A O T T W I Z S E T O E
C B B M C V R W H A X N F I K R S L
R S E O L I X Q E Z C Z T A Y A E L
I M L O T O M A C J S I T W M L U I
M D L Y P F Y M O N X R F M Z A R N
I X Y F V Z M A R E A V E I D U G G
N B J P A C Z G L G A L A D M P I R
A I V X P B F P E T I J D W D A Y X
L B O Q U V M D O D Y N Z W O G R E
S P X K V O Y I N P A C I N O B A A
B V E S C C K F E B E T R A Y A L I
E L A G T Z R Y S X P N I B Z P Z N

Solutions

Puzzle 77

```
L W L W O L A J L F E X I L E A P Q R J G H
K T I Y S W A L T U O E H T B F E D E G S W
V H I A C M J G D E X C O D K F I X K O L B
W E J B M Y U A N Y V B G R H L S W C E L O
W H C K W A G T U N I I D T L V R S U U A B
Z A R N L X Z L V E K A M A H C E N T D D S
B G Z Z A I N I N H Z F R Z N W H A L D N E
U E T T P M V N N S D D U J E H T M L D E T
W R D C U Y O B S G S W W Z D F O E A I K I
J S R E H T O R B N R U B L I W R N H A E H
S J Y Q V G N O M Q W H L A U M B O S M H W
E C F S G J L T E P N O Y V K N R T R O T N
L H W G V B B H G O J O R T Y L E S A A K I
D N A R X H T E F O Z R V B H Q L W M E T L
O I C A R T E R F A M I L Y J M T E L G F V
M N E W G R A S S R E V I V A L A N H R A L
S S V M D C E W O P S L Z I X E T C X Y M Z
C W L P H D X V V U T R D S C L S Y E I Y P
E P S L E I N A D E I L R A H C G Z H S O E
N I Y P G Y C B R W Q P Y B P R H D W E T C
E Z T C E X Z S O I R T N O T S G N I K L A
L K C O W I S R E E N O I P E H T X G R G D
```

Puzzle 78

```
E K V T S E M A G N I A R B M Y C
G J Q H I R E E B R E A K O U T R
M U P L G U Y C O M B A T P Z E T
H B S T W T U D S U E V N O Y C X
H A G G F P A R N N B O Y O V R R
Z S N R D A L N I U I X R L N P E
O K I G T C R H K H O T Q S N K K
V E L B M G C C L L S B T H C S A
I T W N H A T H R E H R E A P G E
D B O P M L N A D I E V J R Y N R
F A B T T F D K W E A K K K T O B
C L O O N G Q A T I C I V C U P E
A L Q Q O W Y R K A U D T A R N D
S C Q Y H S A N L Z D G O N E V O
I M Q V J C D B C B R T Q A A A C
N J D Q E Z Q E L N Q J D C A Q W
O N U R E M O H L O E K M G W F I
```

Solutions

Puzzle 79

U G B Y L L G O Y P W L M H O S T M

E Q X Y F L B Z I B F R O D L A W R

Z S K K H K S N V D G Y G C M G H L

M N U Z L F Y O K A R A T E C H O P

X E G D O P E G D O H C Q L O T S N

Y W U E U E W H G C Y C N E M M L O

P S S G L E W J C I R N R B E E Z I

E F A H U X D O I H P E N R N W M T

L L S Z F P I W E M S S L I I A Y I

V A T R Y U S I A G H I S T G T P S

Z S Z O A P C P U K A E D I A E G O

E H L K L P R O N H K T N E M T I P

Y X B M P E L A R O R A S S W J S A

K E R M I T X G N Z T W W K O S T T

E P E N P R G E T I C M A A C N O X

E P E W B Y J S V F M T F D K A Z U

H P S K V F B E U V E A V X S K B J

C E B B K M O A O B B L L X T U A T

Puzzle 80

W N J L I N T R L A C I T S Y M S

H X W B V Q D E I C N U M E Y G P

B L W D A P X W X P H B L M H U A

X N O I T A R O L P X E P T W N C

P O N S S R M T C O C J N Q S E E

R I D C U I U S I T F R I Z U X S

J T E O V X S L R H M O N E O P H

E C R V W J I I C S V Y T S I L I

R U M E D N C V X P H N R K R A P

T D E R O I A E O E J E I N E I O

B B N Y A Z L D E G S A G T T N Z

H A T N Z F T F Z M J R U C S E O

O T H E R W O R L D L Y E B Y D Y

D X F P H E N O M E N A L V M O V

P W N S C I E N T I S T D V I T X

I G O E L O S P I E L B E R G N F

D Q O J G O V E R N M E N T O Q U

Solutions

Puzzle 81

J T E D B Y Q U T S K X I N P E O E N D W M M

R A E C E R O O E O O C P L K Y L P V P E P E

R G M O H P X C N R G G B Y G Z Y V T W W O J

E C C A E W O H N G Y N O O S D Y I I N J A P

T C Y O B W O C E N O T S E N I H R H R M M A

H N G M B A Q K S L N F E Z L V P T B A A I P

G U U J G N L T S P L W X X J O L E N E C A E

U U O O T J T A E Z K O M N S R S D F A R Z R

A V I A Q I R M E N Q N D D U C A Y N R R K R

D T W T A G T I R M P H A A O E R H X T T L O

S H J Z A X M E I U O O H L R O E A N E H P S

R E I P T R W A V S R H M Y T L S J Z P Z L E

E G P G B Z S M E Y H X T S P P I X F Y I E S

N A Q T B M T C R H K V E E W B M N U N T Z Q

I M B K C L U T A P U V B N E O R Y S N Z O V

M B K Y B C N Q S D O B E Z O W G D U A X W O

L L L J Y U B A S L I B V A R Q S T I N H S K

A E J Q O N A M E N I L A T I H C I W S E W G

O R S C V A U M N B R X L E O U M O A S V W O

C N Y B S T E E H S N I T A S J X X O U S R T

J A N E D R A G E S O R V S C O I T X N B I L

I C K T J P J Y G G Z P E X U S F N V M W I T

U B H B C D Q R N O P P O M U L R Y X D H N G

Puzzle 82

A B E H Y L R P I M P F B D

T T S D X A C L U D L U M B

E I T Z H G H A U R I C E B

A B E A R T R D E G F L R R

S L I N F X I A W N M A Z E

I U N G O A S M P E D N W N

M M B E L S T S S B I C C E

O E E L L E I U U H J Y R H

V U C O E I E R G M G K I C

C S K U T K Y T R E Z I C I

H M K V T E R L S O N E H M

M N Q G J C K A W N M N T P

Y N O D L E H S L V H O O T

C S N O Z U P K V C J S N V

Solutions

Puzzle 83

S P J S N O V Z S O C K H O P M C F P
G K M C T O D N U M A T C A X E Z S W
C L D M F R G E I M M D O Q Y I N I R
M N V A O G I A N R I C H I E Z J W M
H D F H R T S K W D Q B J Y R N U M F
I A X G R N O Q S N H P L A R O K T A
O X M N E D O R Q E O U U A F F E V N
S R Y I S E Y L C U L I K A A K B M L
P B T N N T M A D Y W D T V C Q O I R
A Z H N X R I O E S C Y O A P K X L D
B F L U B A L S C F D L J O T N M K W
Q Y C C P E W B I E B R E F P S N S X
Y J J L L H A I H T E B I R O L P H H
R Z L L S T U L I H O Y K V D C R A S
G B P N Z H K Q T P V N G E E B Q K M
E Q I L K G E A K K N F I E P I E E P
P A I E D I E K E S E I S T O P N H G
M D F R N L V P A B J K J V U Y G I U
U L B Q T G S R E G A N E E T P H V C

Puzzle 84

F Y I L X T N E M E N I F N O C W N M U
U X U N O F K B H W N I V Z E H N S C W
G S V T A W O M P X Q B J S Z J P Q J W
I N H Y H S P M F R F Y U T B V R D U E
T F R A N K M O R R I S Y C C I D N A Y
I E E P S U W D U P A S Z I P O E A A Q
V A K A B F E E T P G W O V I K C L H B
E Y F P A N G E L I S L A N D E O S C S
S Z K E D J O R A K S S T O G R Y I F U
Y U P R J P T F Q U R E R C I U S Z L S
E R J M N V N F W E N R L S M N A A G P
I T S A B E K E P S N G O B L Q A R A E
S S E C L W Y P E E Z F B S B J M T D N
O L P H Y T I R U C E S M U M I X A M S
L E I E C L A U S T R O P H O B I C O E
A Z F S C Z P M J N U E N L M N R L W F
T F T L A V I V R U S E T A M N I A I U
I Z I N A L P E P A C S E Q A J Y Q B L
O A Q B Q B G Q W G T K V H G C N L K P
N D Q N W E J S B A R B E D W I R E F I

Solutions

Puzzle 85

J F Q G K A C W L L P P K S J F H N E R F
R J J B L B T D L N P N A N L K K Q K I R
A I G D R J Y Q A D M H F M C E A R A X R
E C I V R E S H C R U H C O G T S M C Q W
P V P B U H S H I N Y O R N A M E N T S E
V D I A E C T G J U X L I T D V G M I A T
I G N A Z K G F L M L K Z W U V F Y U T S
W J E L U A O E K E C H V F E H G P R Q Q
J A C X N N L F B O G V C L R E R S F T I
W T O P D O F E T B U D A D B L P R X V F
C O N U G D L S E K A L F W O N S O Z O V
O T E S Q G H G D A L A S N I T A L E G W
A Y S U N S T N E M A N R O Y L I O D W V
T E B I E P D T Q U F Y M P A Y R C W I M
E B J M K Q D N A L R A G A J Y W T T S J
D V D S D A D I V A N Z I L E F Y N G H I
F E A U E J X O M S L F K R H J N A K B P
R O C E D N W A L C I T S A L P R R W O E
U R D R O N O G A W D E R E D R I B B O N
I G L F K U X E U U B C N U G D Q I T K U
T S R U A W V S S O M L R X R X R V E V J

Puzzle 86

G G J I M D W W M L P D
X K E G R O E G A F B O
L H E S Q V T T R R P Y
T M I K E C D A K E D Y
H G H F A L N D B D G C
E Q C P S K R R R O J P
R X R X S E M A J R V B
B A A J R G M W H Y U P
Q O Z W L N H O J C P L
B B A R N E Y H K D N T
I N V U O L S H M E Y O
E E V G P N J N B Q P R

Solutions

Puzzle 87

C K U S M A R S H A L L C F F F P G

F F Q N C H E S C G C P K T G X H P

S Z X K C B D J V Z D X K G O C X Y

H U Y T I C E G D O D S C V O G D S

O Y B E A W M M O U T L A W S O N B

W Y W S F U P A F A Z N B L M W R A

D M Y D I W T N N W V O E O O E M N

O Q I U J A I H C S Y O S T V S N D

W C M S F R O U O S R Y R S O H K I

N K G T S D N N S R B E O I K U L T

N M X Y A K S T G R I A H P R T Q S

X V U T M C I M V T E T G C Y P E E

I V J R N I S T N R G L A Y N U G W

K T H A T U U O T Q U Z T T D A J D

T X U I M Q R W I Y N G P T I K R L

P P D L H F N O O L A S L O E V I I

L M L S H O O T O U T S D R H S E W

F V T B T X L B J E F H H G I J J S

Puzzle 88

Q X P O Y Z D Y V O H N Q B F T F M

F Y R E C O N C I L E G M P L M G A

S L D A I G L A T S O N W S K K Y C

N T A I K W P L Y F U I E T K S A T

D E Y S F J N A R G X Z N R Z N D I

O F K L H F W E I G M I M E O O E V

O R Z O I B E A J E L D C I K I G I

W O S H P S A R H R H R T S L T E S

Y M G R P S H C E S X A B A O C L M

L A E E Q F T S K N T P M N E E I Z

L N E B X S O U S S C O F D R F V W

O C W O Q N K B O H L E W A Y R I L

H E I E A I B I L M I J S I W E R O

X F V T Q F D P S G Y W C R B P P E

M S I E K A E R B T R A E H U M C Z

U N E E R G R E V E W S N M T I D A

G M Q A L I A I S O N I F Q X B L O

A D R O F D E R B H E F U Z L D K N

Solutions

Puzzle 89

Z X B U N I L E V A J T S M O Q
L D O C J Y S C B S F B O K H V
D V I Q M J Z O H T U E C D B U
O T I M N S O Z R A U I W Z F N
R T I H P R K A W C R L V O B V
X J V T V A N X A E K G N E H K
R X V U W S L C V S C U E S Q C
O I N O A D C A L Z F T O R H I
C R I M L J M A I Q L T F R K U
N P L Y D K E Z D E N Y Y N L B
O D M L X P S E T I K S N G A K
R N E P Q W Q W P I L B D W Z H
B A R R A C U D A E Z L I B W W
U R G P A E P X R G H X A Y H R
Y G X X F L D M A V E R I C K K
C F J R E S I U R C D N A L K I

Puzzle 90

R I R E T O R W E G Y T Z N V B R C H B W N N
E E Q F D Q O A K A R E M A C M L I F A H V Y
Y A M Q V B T L S I R B I P Q L E X A N Y T E
A S W O W H A K A C V S K B E F L F Z O U C N
L R W C T O L M Y W S D B P S O E L Y X B P I
P D R I N E U A T B Z O S I H U C U D R E F H
K V I T S M C N R V E D D W N T T J A F Y O C
C V Q C L S L O Z G N D K Z Q G R D Q T I S A
A I Y E T G A J N A Y O N W I W I N M D E U M
R E R F J A C R K T V F X Y F O C J A I L N G
T W W C H S T A M H R J D E A L O R G G E X N
T M K F F U E I M Y G O N Q S U R Q N I C A I
H A Y S T P K K O F K F L O U O G G A T T V R
G S O Q S A C X R N M N H C T T A D V A R Y E
I T E O B R O V N V M X I S A T N L O L O N W
E E C U E F P K Y I F A I F D R I H X W C I S
I R H H C S U M I R K S C Z E M Z F O A S Z N
K T B R Y G K Z F H N N T H W L E P D T H X A
E N I H C A M L L A B N I P I R R L Y C U Q O
R E V A H S C I R T C E L E V N S W S H V D J
Y O I U S L O T A U M R E O E S E L S D E D H
W O A E T P E T C H A S K E T C H S E F R P H
C A K S M A L L P O R T A B L E T V Y J V M J

Solutions

Puzzle 91

S	G	X	Q	A	E	C	X	O	Q	S	H	A	G	G	Y	D	A	S
N	S	H	B	X	S	R	E	U	C	S	E	R	T	T	D	J	A	D
O	P	L	J	U	N	G	L	E	B	O	O	K	X	N	V	H	S	L
O	F	N	E	M	G	D	B	U	Z	S	M	Q	P	P	S	R	B	L
P	A	C	D	G	Z	S	Q	E	T	B	U	D	R	C	Y	V	B	W
Y	T	A	G	H	U	A	Y	A	N	E	C	R	Z	L	Y	L	E	A
C	R	B	X	G	O	D	C	M	Q	J	E	I	N	A	Y	M	W	T
O	E	S	M	M	L	O	N	F	A	T	I	Q	E	S	S	B	S	E
M	G	L	M	X	T	R	P	R	A	L	V	N	O	T	M	G	E	R
E	B	Z	Z	S	L	O	Y	E	P	X	O	D	H	U	A	X	T	S
H	A	A	I	F	P	B	T	A	H	C	M	N	S	N	L	U	T	H
O	R	R	L	W	X	I	Q	K	I	T	T	V	E	I	L	Y	O	I
M	A	V	F	C	U	N	Y	Y	L	T	E	I	L	C	O	I	L	P
E	X	W	J	C	U	H	Q	F	L	X	P	I	D	O	N	T	R	D
Z	V	M	S	O	M	O	W	R	S	T	P	W	N	R	E	D	A	O
V	O	I	H	C	C	O	N	I	P	P	U	C	A	N	S	F	H	W
D	B	Z	Y	P	A	D	J	D	H	P	M	S	C	E	I	P	C	N
K	P	E	T	E	S	D	R	A	G	O	N	M	E	O	I	W	Y	E
J	A	N	B	N	I	K	P	Y	H	Q	A	B	M	G	A	O	D	K

Puzzle 92

S	S	U	F	Y	E	R	D	N	O	F	N	D	F	T	G	Y	N	B
R	E	B	E	L	L	I	O	N	M	I	M	Z	Y	I	G	L	A	Q
U	X	K	N	J	S	M	H	O	W	A	R	D	M	H	V	T	U	L
Z	D	R	O	W	N	J	E	R	R	O	L	M	U	T	O	D	T	Y
I	V	T	I	U	L	T	F	I	F	G	T	T	S	R	Q	J	A	L
A	T	E	T	A	G	I	V	A	N	R	B	E	S	R	N	H	P	H
S	E	U	C	E	O	L	L	S	K	Y	S	P	M	H	V	K	Q	J
L	W	T	E	O	E	D	T	B	V	R	Z	P	Q	O	O	D	R	F
O	U	P	L	W	X	W	B	H	E	N	A	Y	Q	D	H	P	R	M
A	R	W	F	N	O	I	S	S	E	R	P	X	E	F	L	E	S	V
I	R	R	E	V	R	Y	I	R	A	T	Y	P	A	G	A	V	H	T
G	B	C	R	E	T	U	D	D	E	H	O	H	S	D	G	Y	M	W
L	Q	Q	M	L	R	Y	I	E	S	T	U	A	O	C	R	L	K	B
A	O	M	F	C	L	S	M	B	U	G	T	M	D	B	A	N	Q	G
T	U	Q	R	K	E	I	X	C	D	T	H	I	P	P	D	W	P	Q
S	K	Q	Q	R	H	G	N	I	G	N	I	R	B	P	U	Z	B	G
O	R	C	O	L	L	E	G	E	M	U	G	K	K	G	A	Z	D	T
N	A	A	K	O	J	X	R	A	C	I	N	G	Z	K	T	L	O	D
D	D	U	G	G	K	A	Y	A	Z	T	R	K	Y	H	E	P	S	U

Solutions

Puzzle 93

```
N Q P F W Q G G J Y K S E U L B R M G I M M
R R C S U P E R F L Y O U R E S O V A I N P
G T M Y S W E E T L O R D P B L C H N F P G
R J Q A E O F V V D A R N S X K K F L V G K
W R S D A O R Y R T N U O C I L Y I K W G A
S Z A S T A R W A R S T H E M E M P R L K L
T U S I I S M S R P M I K T A T O W E K S I
A H T N N G O U B E Y U W I G I U N A L R A
Y B E K P B X C C M B S P N I T N U Q P U Z
I Q U C R P O E B Z X R Q Y N B T F J O T L
N T V O O R M W D A O U R D E E A I Q V R L
A U H R K N S L C A I P Z A Y D I D Q D S D
L D M E F G V R C O L L J N R G N J J H M V
I S Q L E M D E F Y N A Y C L R W A F O U O
V S N I O N F E R O W N M E J B A U Q Q R P
E H A D Z P D W H S T R E R M T Y X N P S C
Y L P O J I J C T U A U S C A Z K F Q U V Z
P V G C K P M H H U X T M F T M N Q Z V A R
V A G O I I E O B F Q C I O Y I Y Y L T A I
Z U Z R K M W E I E G O Y O P H O D G U P L
R N C C E S A E R G M N O D N B S N A D S O
E Q M N D Q A L Y A L G D Q J B Z W Z L T G
```

Puzzle 94

```
E E C A L P E R I F E G R A L S D L Z
N S M F I K F P L E S Y S G M L Z O J
O T U P P E R W A R E Z V U F V R L D
H H E R E X P O S E D B R I C K W I B
P G L K E K M F O N D U E P O T B V D
Y I O G N P S X G O X M L J E H H E I
R L N T H A A M U H V Z L X B O A G E
A E I G E Z L P F P J D T F F M R R M
T B L M N Y E B L E E U A P N E V E A
O O T Q H W A Y T L R F J Z Q S E E R
R L O O C H R O M E A C C E N T S N C
T G Z R T E V W D T H W R H X E T N A
S O F E T C I W E L T C Y X B R G I M
H D R T Y L A Z Q L J L O K I E O P C
H L O D D L P J V A M H U R N O L T J
H P P G L W L J P W X G E C C U D F E
E O S S H T O L C E L B A T H Y F Z E
A T V C A B I N E T P Q P B P J E Y S
W R H Y A L A R M C L O C K W T Q A Y
```

Solutions

Puzzle 95

I	Z	P	D	M	C	A	F	U	V	E	H	W	W	J	C	Z
T	D	R	Y	H	U	M	O	R	X	K	W	N	B	B	N	R
K	L	K	E	A	O	M	H	R	Q	D	G	F	Q	A	O	Z
X	D	C	L	E	V	E	R	H	I	N	W	I	I	Z	I	Z
M	M	F	R	J	W	L	S	E	I	G	E	T	A	R	T	S
P	Q	A	S	U	T	I	Y	K	K	K	E	X	N	F	U	L
P	K	B	P	R	F	D	O	R	O	L	L	C	A	L	L	M
B	F	S	U	I	E	O	Q	Y	J	N	Z	H	L	C	O	U
J	T	U	F	S	B	T	D	A	T	E	P	F	Z	Y	S	I
R	C	R	B	D	T	S	R	E	T	N	U	O	C	N	E	N
W	N	D	W	I	O	L	T	A	T	A	U	P	Y	I	R	O
B	I	P	X	C	W	B	I	C	U	E	V	T	G	C	W	Y
L	C	A	P	T	A	I	N	N	E	Q	C	M	X	A	Z	H
O	E	U	W	I	P	F	F	G	G	P	D	T	R	L	M	P
D	R	G	M	O	O	R	D	A	U	Q	S	A	I	G	E	N
W	P	N	H	N	J	V	J	L	D	L	K	U	E	V	W	K
A	K	C	T	G	P	O	I	Q	W	E	Y	A	S	H	E	R

Puzzle 96

J	Q	T	H	E	A	T	R	I	C	A	L	L	T	S	F	T	N
Y	R	R	M	R	E	D	N	E	G	S	N	A	R	T	H	X	E
T	L	A	C	I	S	U	M	K	P	V	W	B	T	O	S	T	G
I	Z	U	N	I	Q	U	E	N	E	S	S	O	E	E	U	N	M
L	E	D	K	U	K	Q	V	Y	R	E	Y	R	M	C	Z	H	M
A	P	R	A	W	E	M	I	T	E	H	T	A	V	L	N	C	E
U	V	P	T	K	V	A	T	I	C	A	S	T	L	E	A	V	N
X	T	D	E	C	I	G	C	M	H	A	K	O	L	M	I	K	U
E	N	J	E	A	S	E	A	R	B	K	P	R	P	S	L	F	U
S	A	R	R	B	R	N	R	O	R	F	C	Y	S	B	O	Y	K
B	Y	B	R	H	E	T	E	F	C	Z	A	E	G	B	G	P	H
Q	O	Y	A	C	V	A	T	N	X	F	R	H	H	I	E	Z	L
M	B	O	Z	N	B	D	N	O	B	G	L	A	M	R	O	C	K
L	M	S	I	U	U	Z	I	C	S	E	I	S	A	T	N	A	F
G	A	D	B	H	S	I	D	N	A	L	T	U	O	R	V	B	R
L	L	J	W	F	K	K	A	O	M	T	N	I	W	P	C	M	G
F	F	Q	M	Q	D	R	Y	N	W	H	E	C	B	L	E	R	K
J	S	E	T	E	T	E	I	E	I	G	J	O	L	R	V	F	U

Solutions

Puzzle 97

```
R O S S E F O R P E L T T I L L S N Y K Z C
E X F E E K W Y J S R L I A M L I A N S Q E
T O B Z N S M T V C E I O A F Q Y K O G V F
I Q M M I I A D Y H O Z N B R R R M V N T P
R J S M H I Z C H P E S O C H V R P T I I U
M A M G C O Q D L X E W H R K E A X W S R C
E E P Y A R A O K I C W E F H K O L X S E U
P E S M M B E B S O C M R T V B N M X A D R
Y H D Q H E H N D P H N J I H H Y V Q P L S
T Y R E P H R C E Q I R E C T N J B Y E O I
Q M A T A J H R N P X R N P X E L C W T F V
V O O C R E Y Q Y U R U T X C U R A K O E E
M N B X G A N K I G L A T D B I X U T N E W
I K K W O H Z H H L O N H W L X T V F M H R
L E L P E D V V A W M R W S V E C S O W C I
K Y A P M E A T C G T G O O L M I Y A H E T
M B H R I Q E S E Y Q L I U R I X F W L E I
O A C K M M T O G P C L Y Y N B C Q F V P N
N R Z L M G Y J S V B A D V S D S N C F Z G
E S R W S A I D E P O L C Y C N E Z E Z N N
Y G P G E I Z Q P O J R O T C E J O R P Z K
J X G Y U N L I Q U I D P A P E R S H I A K
```

Puzzle 98

```
M H D M K F E G E N E R A T I O N A L V I
S G I T G E D F N D J I T O X S H H K Q K
V O O S Z S G N I D N A T S R E D N U H Y
L O P H T Q S O X L C L O S E K N I T G B
A D I L K O E E F L L J I L O N E F U D Q
S N O Q N O R B N G M A L A C O U T G W V
R I X M F M S I N D G S R B L E S H N C F
M G C H Q W E I C G N K W U C B A P W L C
Q H T O U F R R M A I I S A R C Q V F B E
Q T S P M U T Z D P L Q K E Y X Z W T R B
V J E V T P C J R F L E U I U G U H Y I M
Q O P R Q I A G N T E E V A W L G C H C Q
X H U F J H B S E N T I M E N T A L M M K
O N J P O D H X S U Y L H Q N D Q V O S X
O B S A U H E N O I R W N P G T A D L S F
B O P U R F A R M H O U S E I G S R E A N
E Y T I N U M M O C T N M E U I D I I X J
H D X O A P T I E Z S H D N W A S T P E H
Z Y E T L B E L O N G I N G Y Z H N C G S
V V I H A R K W U R D I N G U U H Q G J B
J K K U F N Q L D T O L S P Z L N K W V Y
```

Solutions

Puzzle 99

```
G Z B C A F O P D U O O C Y P E D O V
Z O L L E H T O M B K H M A F G Y Y D
Z R R D N H C W T H Z O N H E H V A O
N I M T O Z P O I G U J O T K S N D Z
T S G I I C J T N S C I P Z R W O Y C
S K J U T X K I E N T M F E I A W A J
R Z O S A N E T F L E E K E B Z Q P Z
H S Z R R E R I V T B C R A R A K J P
N F B U E A P M O E E B T H K U D B P
L C R P P M L I O H Q T A F K Y N C L
M A J L O R U Z C N L S Z R O B I Z Z
C Y O A J T N R L E O I H P C U M N U
D D R I B E K R S R U P F F X S R N W
B E G V E A A H R A V V O E H V E L W
R G H I P K I Y X P L M C L U E T T E
X G P R F P B U A H Y N D V Y N S Y U
X E O T T R U K A S Y A D Y P P A H H
S Z X Q E L Y K K G F K C T P J M P W
D G S W T D N A L Y D N A C P M U Y B
```

Puzzle 100

```
L M U I J G A H P Z J E N N Y N K B
H N I F D L O N G I N G Q O R O V X
R Q M D A E B A G X Q N A I Q X H M
H P H F L S T C C E U C D T J O P T
H S Y Y K I C A X J L T X C G F A H
S T O S E H F I U O C I X E M M B C
E E H N D N X E N T Y C C F G S R V
D R X B G A V Z C A A O J R S I U R
M A U S T W J Y T R T F S E K L G N
U X H L Y P R T G C I I N P X A T Z
R G P E L M R I C I W S O I I I P Y
U G A B D A B F T Q S T I N D R R F
Q G S U C C X O Q E K S F S K E E R
N R S T X U H M L N R H S I B T G E
K Q I G O R S T E K Y G X R A A R R
Z V O T H V S E T L I W N D T M E M
E D N M K E R E D O B Q P F Q I T Y
P A T L R S H U A V L M M Q N L I I
```

I Completed The '70s Challenge !

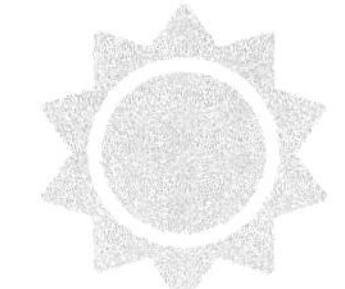

BONUS '70S WORD SCRAMBLE !

SINGERS !

NHTNOOJLE =

ENONONNHLJ =

LAKANRATHRFENI =

IVRNGAYMEA =

SLVLSEEEYPRI =

LABYNDOB =

GACKMIERGJ =

YAGLALERCTSY =

DSEWORATRT =

USMNNOADMRE =

TUMLNERYAPCCA =

WVEEDSROITEN =

ERURREEFMCIDYD =

INSDASRAO =

ODIABIDVWE =

EIYNOULNG =

TERYHWIABR =

RNNAITTUER =

LYEBMRAOB =

MSEJWRAOBN =

BANDS/GROUPS !

HEALTSETBE =

SRONSETOIGNLLHET =

EZLIPPDENLE =

ACTEEMOODLFW =

METTAPEONISTHT =

NEPCAHETTRESR =

RDYYYNDRYKSLN =

MESHETERPUS =

YSHCETBEOABH =

DEEULFARTTEHDAG =

BAAB =

ESGALE =

SEEBGEE =

EQNUE =

DNKLFPIYO =

CACD =

HOHTEW =

ACOGICH =

OHILECPTE =

LLTHJEORUT =

BONUS

'70S WORD SCRAMBLE SOLUTIONS !

SINGERS !

NHTNOOJLE	=ELTON JOHN	TUMLNERYAPCCA	= PAUL MCCARTNEY
ENONONNHLJ	= JOHN LENNON	WVEEDSROITEN	= STEVIE WONDER
LAKANRATHRFENI	= ARETHA FRANKLIN	ERURREEFMCIDYD	= FREDDIE MERCURY
IVRNGAYMEA	= MARVIN GAYE	INSDASRAO	= DIANA ROSS
SLVLSEEEYPRI	= ELVIS PRESLEY	ODIABIDVWE	= DAVID BOWIE
LABYNDOB	= BOB DYLAN	EIYNOULNG	= NEIL YOUNG
GACKMIERGJ	= MICK JAGGER	TERYHWIABR	= BARRY WHITE
YAGLALERCTSY	= CRYSTAL GAYLE	RNNAITTUER	= TINA TURNER
DSEWORATRT	= ROD STEWART	LYEBMRAOB	= BOB MARLEY
USMNNOADMRE	= DONNA SUMMER	MSEJWRAOBN	= JAMES BROWN

BANDS/GROUPS !

HEALTSETBE	= THE BEATLES	BAAB	= ABBA
SRONSETOIGNLLHET	= THE ROLLING STONES	ESGALE	= EAGLES
EZLIPPDENLE	= LED ZEPPELIN	SEEBGEE	= BEE GEES
ACTEEMOODLFW	= FLEETWOOD MAC	EQNUE	= QUEEN
METTAPEONISTHT	= THE TEMPTATIONS	DNKLFPIYO	= PINK FLOYD
NEPCAHETTRESR	= THE CARPENTERS	CACD	= ACDC
RDYYYNDRYKSLN	= LYNYRD SKYNYRD	HOHTEW	= THE WHO
MESHETERPUS	= THE SUPREMES	ACOGICH	= CHICAGO
YSHCETBEOABH	= THE BEACH BOYS	OHILECPTE	= THE POLICE
DEEULFARTTEHDAG	= THE GRATEFUL DEAD	LLTHJEORUT	= JETHRO TULL

www.ingramcontent.com/pod-product-compliance
Lightning Source LLC
Chambersburg PA
CBHW080258030726
47593CB00009B/2541
* 9 7 8 1 7 3 8 8 6 0 5 4 8 *